GÉNÉALOGIE

DE

BIDERAN

PÉRIGORD

AGENAIS-QUERCY-POITOU

PAR

A. DE St SAUD, BOISSERIE DE MASMONTET, R. DE MANTHÉ

Membres du Conseil Héraldique de France.

LABOR ET PROBITAS

BERGERAC

IMPRIMERIE GÉNÉRALE DU SUD-OUEST

J. CASTANET, IMPRIMEUR-ÉDITEUR

3, rue Saint-Esprit, 3.

—

1896

GÉNÉALOGIE

DE

BIDERAN

GÉNÉALOGIE

DE

BIDERAN

PÉRIGORD
AGENAIS - QUERCY - POITOU

PAR

A. DE Sᵀ SAUD, BOISSERIE DE MASMONTET, R. DE MANTHÉ
Membres du Conseil Héraldique de France.

LABOR ET PROBITAS

BERGERAC

IMPRIMERIE GÉNÉRALE DU SUD-OUEST

J. CASTANET, IMPRIMEUR-ÉDITEUR

3, rue Saint-Esprit, 3.

1896

Imprimé à petit nombre. — Il a été tiré dix exemplaires sur papier Japon, numérotés à la main et contresignés par un des auteurs.

INTRODUCTION

'APRÈS deux traditions orales, qu'aucun titre du reste ne vient ni appuyer ni contredire, la famille de Bideran serait originaire d'Angleterre ou du Béarn. Nous ignorons jusqu'à quel point sont fondées ces traditions, mais il nous suffira de dire que nous avons trouvé dès 1308 un Pey de Bideran, en Bordelais[1] qui précédait ainsi de plusieurs années le premier sujet de ce nom que l'on rencontre en Béarn. D'autre part nous savons que la particule au xive siècle, devant le nom patronymique, semble indiquer la possession d'une terre de ce nom, et l'on nous fait observer qu'il y avait en Béarn, dans le baillage de Sauveterre, un fief du nom de Bideran, uni à une terre érigée en marquisat au xviiie siècle[2]. Nous savons aussi qu'en 1376, un Pierre-Ramonet de Bideran faisait partie de l'armée de Gaston Phœbus[3] ce qui fait supposer naturellement qu'il habitait le Béarn et non le Péri-

---

(1 et 3) Voir plus loin aux *Noms isolés.*

(2) Archives nationales, O¹ᵃ 340 ⊥.

1

ce courage et cette abnégation qui sont l'apanage des vieilles races.

La famille de Bideran appartient exclusivement à la noblesse d'épée ; elle n'a ni vécu inutile à la cour, ni occupé de ces places honorifiques, de ces hauts emplois si recherchés des grands seigneurs sous l'ancienne monarchie. Mais le sang de ces quinze générations de braves et de vaillants a maintes fois coulé sur les champs de batailles.

Le Périgord était pauvre, puis il était loin de Versailles. Il fournissait cette robuste et saine noblesse provinciale dont l'ambition, pour beaucoup de ses membres, était de se retirer avec le grade de capitaine et la croix de Saint Louis, digne récompense de leurs services et de leur courage.

« La noblesse campagnarde d'autrefois donnait à nos armées des chefs courageux et aguerris, elle buvait bien et longtemps, se battait mieux encore, vivait familièrement avec le paysan, dormait sur de vieux fauteuils au coin de l'âtre, ou sur des grabats, menait une vie gaie mais volontairement dure, coûtait peu de chose à l'Etat, et lui produisait plus, par sa résidence et son fumier, que la noblesse de cour avec ses recherches, ses coliques et ses vapeurs. » De cette rude noblesse si énergiquement décrite ainsi par Mirabeau en 1789, furent les Bideran.

Il eut pu ajouter que ces gentilshommes ne professaient point pour l'agriculture *manu propria* le profond dédain qu'on a pour elle si communément aujourd'hui, mais qu'ils regardaient le travail des champs comme une occupation utile et honorable. Aussi, après leurs longues chevauchées, leurs campagnes, lorsque l'âge, les infirmités ou les blessures leur interdisaient le métier des armes, se retiraient-ils modestement dans le castel, souvent délabré, qui les avait vu naître et grandir. A l'égal de leurs tenanciers, dont ils partageaient la vie, ils dirigeaient les travaux agricoles, poussaient même la charrue et cultivaient leur patrimoine avec la même vaillance qu'autrefois ils avaient mise à tirer l'épée.

Amaury, dit Malrigou, de Bideran, dont les exploits pendant la deuxième partie de l'occupation anglaise, sont relatés dans nos vieilles chroniques périgourdines, est le personnage le plus connu de sa Maison, c'est aussi celui dont le caractère est le plus curieux à étudier.

Successivement capitaine de plusieurs places fortes, il se distingua toujours dans les opérations militaires qu'il dirigea ou auxquelles il prit une part active. Il avait un courage à toute épreuve, mais malheureusement une âme parfois peu désintéressée.

Comme la plupart des seigneurs habitant les confins des terres de France et des possessions anglaises, Malrigou, sans s'attacher définitivement à aucun parti, fut toujours prêt à se tourner du côté du plus fort, à servir celui qui lui promettait la récompense la plus élevée, donnant ainsi raison à Froissard lorsqu'il dit : « Oncques les Gascons trente ans d'un tenant ne tinrent fermement à ung party ».

Au siège de Bergerac, en se laissant séduire par les offres du duc de Penthièvre, pour nous livrer une place qu'il était chargé de défendre, Malrigou nous donne la mesure exacte de son caractère[1]. Peut-être avait-il déjà la secrète intuition des grands évènements qui bientôt allaient changer la face des choses,

---

(1) Est-ce en souvenir de ce fait qu'il existe aux environs de Bergerac un lieu dit : *Le Malrigou* ou *de Maurigou ?*

finir cette lutte centenaire, rendre au Roi son royaume, et terminer les malheurs d'un peuple par une paix de près d'un siècle.

Pour interpréter sainement les actes de Malrigou, il faut entrer dans les mœurs de son temps, se reporter au milieu qu'il traversa, au désordre ambiant, et juger sans parti-pris. C'est ce que semble n'avoir pas assez compris l'auteur du « Livre de Vie », de Bergerac, dans son étude sur les « Capitaines du Périgord-Blanc » pendant les guerres anglaises.

Nous avons cherché à faire œuvre utile avant tout, et nous avons crû devoir multiplier l'indication des sources, qui, outrle e caractère d'authenticité qu'elles impriment à une œuvre, lui donnent seules une réelle valeur historique.

Si sec, si austère que soit le style d'une généalogie lorsque tout est présenté avec clarté, lorsque les personnages, les actions, sont disposés dans un ordre convenable, lorsque l'auteur a su faire ressortir les faits principaux, cette chronologie, toute brève et laconique qu'elle soit, peut suggérer au lecteur bien des jugements et des réflexions ; ces sortes de travaux offrent un grand intérêt pour les familles, et sont en outre d'un secours constant en matière d'histoire locale.

Nous adresserons nos remerciements sincères à tous ceux qui nous ont gracieusement et libéralement aidés dans notre tâche, spécialement aux représentants actuels de la famille de Bideran : M. le baron de Bideran-Canteranne qui, secondé par sa tante, Madame la baronne de Nanclas-Roncenac, nous a donné bien des renseignements, communiqué les pièces de ses archives et les certificats de services émanés du ministère de la Guerre ; puis M. Maxence de Bideran. Notre reconnaissance est également acquise à nos confrères du Conseil héraldique et de la Société archéologique du Périgord, M. Paul Huet et le vicomte de Gérard, qui ont facilité nos recherches à la Bibliothèque nationale, ainsi qu'à M. de Flaujac qui a fouillé à notre intention les Archives départementales du Lot, à MM. Tamizey de Larroque, Léo Drouyn, J.-B. Champeval, si compétent en géographie historique de nos contrées, Arteil, F. de Bellussière, Charrier, baron de La Nauze-Molines, Jouanel, Mongélous, Sorbier, Dols, notaire à Saint-Cirq, Chapelle et Lajugie, à Martel, de Jeauffreau-Blazac, baron de Maynard, Sérager et enfin à M. le vicomte de Poli qui a autorisé cette publication sous le sceau du Conseil héraldique de France, dont il est le distingué et érudit président.

ARMES

De gueules au château pavilloné de cinq pièces d'argent, girouetté de même et maçonné de sable.

(Cachets de famille, et Armorial général de France de 1696, registre Guyenne, ff. 165 et 364).

SUPPORTS : *Deux lions.*

TIMBRE : *Couronne de Marquis.*

VARIANTES.

Les variantes n'offrent que peu de variétés, et on ne peut considérer comme brisure de cadet que les armoiries données par d'Hozier à la branche poitevine et à celle de la Fortonie.

De gueules au château d'argent flanqué de cinq tours de même, couvertes d'azur et girouettées d'or. *(Manuel du Blason par le P. Ménestrier).*

De gueules au château d'argent de quatre tours couvertes d'azur. *(Productions pour les jugements de Maintenues).*

Nous supposons que l'ombre de la toiture a été prise pour des hachures indiquant l'azur.

De gueules au château d'argent flanqué de quatre tours donjonnées de même, maçonnées de sable. *(Archives départementales de la Vienne; supp. E, 150, dossier Bideran).*

De gueules au château d'argent. *(Bibliothèque nationale;* MSS. *Cabinet des Titres, 279; productions des Pages de la Grande-Ecurie, f. 71).*

« De gulle au chasteau d'argent massonné de sable. » *(Bibliothèque nationale;* MSS. *Carrés de d'Hozier, 92, f. 53, r.).*

Le jugement de Maintenue de la branche de Saint-Surin donne de même.

De gueules au château d'argent flanqué de cinq tours, maçonnées de sable et girouettées d'argent. *(Cachets du XVIIe siècle scellant des testaments de la branche de la Mongie, aux archives du château de Fayolles).*

De gueules à un château d'argent flanqué de deux tours rondes pavillonnées de même. *(Armorial de 1696, ut suprà, f. 559; branche de Mareuil).*

« Cinq tours d'argent couvertes d'azur. » *(Archives départementales des Bouches-du-Rhône, H. O. M. Preuves pour Beaulieu).*

« D'azur à un château à trois tours d'argent, celle du milieu donjonnée et sénextrée d'un croissant d'argent. » *(Bibliothèque nationale;* MSS. *Cabinet de d'Hozier, 1097; tableau des branches de la Fortonie et de la Martinière).*

La branche de Canteranne porte: écartelé aux 1 et 4 DE BIDERAN; aux 2 et 3 d'argent au chevron de gueules, au chef du même, qui est DE BÉRAUD.

SEIGNEURIES ET TERRES

POSSÉDÉES PAR

les différentes branches de la Maison de Bideran

———oo⚬oo———

Balbeyre. — Repaire noble, commune de Douville, canton de Villamblard (Dordogne).

Belonde. — Situation inconnue.

Biran. — Situation inconnue, car nous ne supposons pas qu'il s'agisse du fief de la famille Gontier.

Bonnefon. — Peut-être simple tènement près de Murel ou de Saint-Michel-de-Banières (Lot).

La Bouchetière. — Fief en Poitou, situation inconnue.

Le Bousquet. — Terre noble dans Saint-Martin-de-Cahuzac, canton de Castillonnès (Lot-et-Garonne).

La Broquettie ou **La Brouquetie.** — La situation de ce fief, dans l'ancienne vicomté de Turenne, ne nous est pas connue.

Campagnac. — (Anciennement *Campagnac-de-*

Corne-Cul). — Paroisse de la commune de Saint-Hi-laire-d'Estissac, canton de Villamblard (Dordogne).

Le château d'Estissac, était bâti, dit-on, dans cette paroisse qu'Hélie-Fergand d'Estissac, damoiseau. possédait en 1363. (Bibl. Nat. *Fonds Périgord*, 132), Les Bideran paraissent n'avoir possédé cette seigneurie qu'en viager.

Canteranne. — Ancien repaire noble avec justice, commune de Cavarc, canton de Castillonnès (Lot-et-Gar.). Avant 1790 il était sis dans la partie de la paroisse de Cavarc qui relevait du Périgord (sénéch. de Bergerac). — Au siècle dernier, il appartenait à la famille de Béraud, en faveur de laquelle il fut érigé en baronnie par lettres-patentes dont les originaux sont conservés dans les Archives de la famille de Bideran, qui en est devenue propriétaire par suite du mariage (10 juillet 1830) de Louis-Marie-Gustave de Bideran avec Marthe-Camille-Céleste de Béraud de Canteranne, dernière descendante de sa maison. — Les cartes de Belleyme et Cassini disent *Canterane*, ce qui est plus conforme à l'étymologie : *chante-grenouille* (latin : *rana*).

Cause. — On disait aussi anciennement *Cauze* ou *Cauzé*, spécialement sur la carte de Belleyme. — Repaire noble, commune de Saint-Aubin-de-Cahuzac *(aliàs* Saint-Aubin-de-Cadelech), canton d'Eymet, Dordogne, avec extension dans la commune de Saint-Quentin.

Jean de Bideran (né vers 1525), est le premier qui se soit qualifié de seigneur de Cause ; nous ignorons comment ce fief était entré dans la famille. Il appartient aujourd'hui au colonel de Marmiés, fils de Jean de Canteloube de Marmiés et de Françoise-

Louise de Bideran. — Peut-être que le hameau de Cause, en Montagnac, châtellenie de Roussille, était le fief primitif des Bideran, dont le second fut appelé plus tard du même nom, comme cela arrivait fréquemment à ces époques.

Chaubel. — Actuellement *Chaubert*, commune de Cahuzac (Lot-et-Garonne).

Clermont-Dessus. — Château et commune du canton de Puymirol (Lot-et-Garonne). Ancien marquisat ayant appartenu aux Armagnac, Durfort, Nicolaï et Laborie.

Couvie. — Situation inconnue.

Douville. — Commune du canton de Villamblard (Dordogne). — Il y avait autrefois un château dont il ne reste plus aucun vestige et qui relevait de celui de Roussille ; la famille de Bideran ne l'a possédé qu'en viager.

Fontenelle. — Commune d'Eyrenville, canton d'Issigeac (Dordogne).

Font-Haute. — (Anciennement *La Fonnaute*). — Repaire noble avec justice, commune de Cazoulès, canton de Carlux (Dordogne). Entré au xviie siècle dans la maison de Bideran, branche de Mareuil, ce château passa dans la famille du Pouget par le mariage de messire Laurent du Pouget, écuyer, seigneur de Rignac avec Marguerite de Bideran, fille et héritière, en 1759, de ▓▓▓▓ de Bideran, écuyer, seigneur de Mareuil et de Fonnaute. Pillé, et brûlé en 1793, le château de Font-Haute a été reconstruit presqu'en entier il y a peu d'années. Il appartient aujourd'hui à la famille Grèze de Saint Ours, héritière des du Pouget.

La Fortonie. — Ancien repaire noble, commune de la Monzie-Montastruc, canton de Bergerac. — Les Bideran de Grand-Lac, en souvenir de ce repaire, appelaient quelquefois *La Fourtonie*, leur fief de Sarrazac.

Grand-Lac. — (Anciennement *Granlac*). — Village de la paroisse de Murel, unie à la commune de Martel (Lot). Fief connu dès 1352, le livre des dépenses à l'usage des consuls de Martel, indiquant cette année-là un compte de dépenses d'arbalètes pour le seigneur de Grand-Lac. Il ne reste presque plus rien du château, qui devînt la propriété des Bideran nous ne savons comment, et qui appartient encore de nos jours à ses descendants la famille Sérager.

La Grèze. — Ancien repaire noble, commune d'Eyrenville, canton d'Issigeac (Dordogne). — La terre de la Grèze fut inféodée le 19 novembre 1541 par Louis d'Estissac, baron de Cahuzac et de la Barde, de Henri du Boys, écuyer, seigneur de Graspirou, et de Foy de La Viguerie, sa femme (Tome cii des *Carrés de d'Hozier*, f. 320 r.). En 1584, le capitaine Charlet, dit le capitaine Sauvage, s'empara de vive force du château de la Grèze, mais il en fut chassé bientôt après. Ce domaine passa en 1701 dans la maison d'Abzac par le mariage de François d'Abzac, chevalier, seigneur de Verdun, avec Gabrielle du Boys, fille d'Alexandre du Boys, écuyer, seigneur de la Grèze et de Fayolles. Il est devenu la propriété de la famille de Bideran, par succession des d'Abzac.

---

(1) En ruine dès 1784. (*Arch. dép. du Lot*, C. 1222.)

La Gueyssarie. — Situation inconnue.

Guibon. — Ancienne maison noble, commune de Daignac (Gironde). — La famille de Mélet en hérita, vers 1610, des Bideran.

Leyraudie. — Aujourd'hui *Leyroudie*, hameau de la commune de Villamblard (Dordogne).

Malromet. — Mainement de la paroisse de Saint-Jean-d'Estissac (Dordogne).

Marcou. — Ancienne maison noble, commune de Castillonnès (Lot-et-Garonne).

Mareuil. — Ancienne châtellenie, connue dès le XIIe siècle, aujourd'hui commune du Roc, canton de Payrac (Lot).

Posé comme un nid d'aigle sur la cime d'un énorme rocher qui surplombe la vallée, le château de Mareuil dont il ne reste plus que d'imposantes ruines, était une véritable forteresse. Sa position stratégique, l'épaisseur de ses murs, et les proportions colossales d'une tour ronde qui subsiste seule assez bien conservée, témoignent de la puissance de ses anciens seigneurs. Comme sur presque tous ces débris d'un autre âge, il circule dans le pays de nombreuses légendes sur la *Tour de Mareuil*. Le souvenir des nombreux sièges qu'elle eut à soutenir, s'est conservé malgré les siècles, et l'on rapporte que de vastes souterrains creusés dans le rocher la faisaient jadis communiquer avec le château du Roc, son voisin, dont les ruines même ont disparu. Des fouilles, pratiquées il y a quelques années, firent découvrir, en effet, quelques souterrains, l'emplacement de la chapelle qui servait aussi d'église paroissiale et les tombeaux de ses anciens seigneurs.

Cette châtellenie semble avoir été donnée au commencement du xve siècle à Raymond de Salignac, sénéchal du Quercy pour services rendus à la cause française. Ses successeurs s'en qualifiaient seigneurs encore au commencement du xviie siècle, et cependant, dès le xvie siècle une famille de La Faye en possédait tout au moins la co-seigneurie, qui échut aux Bideran par le mariage au 14 septembre 1567 de messire Bertrand de Bideran, seigneur de la Fortonie, avec Catherine de La Faye, fille d'Odet, co-seigneur de Mareuil, à moins que ce ne soit Murel.

La Martinière. — Situation de ce fief poitevin, inconnue.

La Mongie. — Cette terre située dans la paroisse de Saussignac (aujourd'hui canton de Sigoulès, Dordogne), fut anoblie le 19 juillet 1482 par Jean de Madaillan d'Estissac, en faveur d'Hélie de Bideran, capitaine du château de Saussignac, sous l'hommage d'une paire de gants blancs à chaque mutation de seigneur ou de vassal. *(Terrier de Saussignac aux archives du chât. de Fayolles)*. La famille de Bideran n'a cessé de posséder cette terre jusqu'à la Révolution. Il y avait aussi dans le bourg même de Saussignac une maison noble dite de la Mongie, et qui appartenait également aux Bideran. Il ne reste plus rien de la maison de la Mongie, mais l'emplacement, sur lequel elle était probablement construite, a retenu le nom de ses anciens seigneurs, il porte aujourd'hui sur le cadastre le nom de *Biderante* ou *Viderente*.

2

Montastruc. — Commune de Montastruc-la-Lande arrondissement de Tarbes, — La famille de Bideran paraît avoir eu certains droits dans cette baronnie dont le château était un des plus forts du comté de Bigorre. La puissante maison de Castelbajac possédait cette forteresse dès le XIIIᵉ siècle. Louise de Castelbajac, fille de Gaston et de Marie de Montlezun, devint héritière de toute sa maison, après la mort sans enfants de ses frères et sœurs. Elle épousa en 1524 Jean de Durfort-Duras auquel elle apporta avec les autres biens dont elle avait hérité, le château de Montastruc.

Monteton. — Commune de Gardonne, canton de Sigoulès (Dordogne). — Le 22 décembre 1465, est-il dit dans les archives du château de Fayolles, Jean de Madaillan donna à noble Hélie de Bideran, son serviteur et écuyer, une terre appelée de Monteton et située dans la paroisse de Gardonne, et, le 19 juillet 1482 il anoblit en sa faveur cette même terre, sous l'hommage d'une paire de gants blancs.

Monteton cessa d'appartenir aux Bideran au XVIᵉ siècle ; cette maison noble passa successivement dans les maisons de Roffignac, de Larmandie, et de Lostanges. Cette terre ne doit pas être confondue avec celle du même nom, commune du Lot-et-Garonne, qui vint aux Digeon au XVIIᵉ siècle par une alliance avec la famille de Béraud.

La Moute. — Anciennement *La Mothe*. — Domaines, divisés en *Grande* et *Petite Moute*, commune de Mautauriol, canton de Castillonnès (Lot-et-Garonne).

Le Noyer. — (On trouve aussi *El Nuguyé, El*

Nougé, qui sont des formes romanes). — Ce fief, de la commune actuelle de Saint-Michel-de-Banières, canton de Vayrac (Lot), relevait autrefois directement du vicomte de Turenne *(Note de M. Champeval)*.

La Poncie. — (On trouve aussi écrit *La Ponsie.)* — Maison noble dans Bergerac, qui fut acquise pour la somme de « neuf vingt escus d'or neuf », par Amaury de Bideran, par acte du 13 juin 1457 à Guillaume, François et Antoine de Lagut auxquels elle appartenait par indivis. — Cette maison qui était de mouvance royale, servit au siècle dernier d'habitation à des familles de faïenciers, puis à la famille Babut. Elle est englobée aujourd'hui dans le couvent de la communauté des religieuses du Sauveur, à l'endroit dit de Nazareth et aboutit à la rue de la Citadelle.

Ce manoir avait des droits, cens, et rentes jusqu'à Sainte-Foy-la-Grande et spécialement sur deux fiefs, appelés aussi *La Poncie*, situés : le premier dans la paroisse de Saint-Jean-d'Estissac *(Note de M. Charrier d'après les Arch. municipales de Bergerac)*, le second dans la paroisse de Gardonne. Ce dernier appartenait au siècle dernier à la famille Papus de Bellevue, d'où il passa par alliance à la famille de Brugière. *(Arch. du château de Fayolles.)*

La Popie. — Nom uni anciennement et actuellement à celui de Saint-Cirq, commune du canton de Saint-Géry (Lot). C'est à proprement parler le roc sur lequel était bâti le château de Saint-Cirq, d'où le nom du château lui-même porté du reste par une famille qui l'occupa au moyen-âge. *(Note de M. Dols.)*

Roussille. — La terre de Roussille, qui faisait autrefois partie du domaine des comtes de Périgord, avait le titre de vicomté et était comprise au nombre des anciennes châtellenies du Périgord; elle consistait encore au xve siècle en six paroisses : Roussille, Saint-Julien, Montagnac-La-Crempse, Douville, La Sauvetat et Béleymas. Au-dessus du bourg, qui renfermait cent feux, était situé le château dont il ne reste plus aujourd'hui qu'une tour en ruine, de construction fort ancienne. Il fut la propriété du fameux Waïffre duc d'Aquitaine qui s'y réfugiait souvent après avoir été battu par Pépin le Bref. C'est à Roussille que furent prises sa femme, sa mère, ses sœurs, et la femme de Ramistan son oncle. Devenu la propriété des comtes de Périgord, il fut rasé en 1399 et ses terres confisquées au profit de Charles VI, qui en fit don au duc d'Orléans. Jean de Bretagne en fit l'acquisition puis en concéda la jouissance à Malrigou de Bideran, et à son fils Garcie-Arnaud par cession du mois de mai 1451. (Voir aux *Pièces justificatives*).

Cette seigneurie appartint ensuite aux Calvimont et aux Aydie de Ribérac; Bertrand de Lur, seigneur de Longua, l'acquit en 1530. En 1599 elle passa par succession dans la maison de Taillefer, puis fut vendue en 1774 à MM. de Tessières de la Bertinie et Cosson de la Sudrie. L'abbé de Lespine a analysé les titres de cette seigneurie dans son volume 122, sous la cote Bideran.

La Sablière. — Lieu-dit, commune de Gardonne (Dordogne).

Saint-Cirq. — Baronnie en Quercy, commune du canton de Saint-Géry (Lot). — En 1260 Hugues de Cardaillac achète la terre de Saint-Cirq-la-Popie. En 1329 Bertrand de Cardaillac, le même qui commandait le second corps de l'armée de Simon de Montfort, rend hommage pour cette terre à Raymond, comte de Toulouse. Le dernier baron de Saint-Cirq de la maison de Cardaillac fut Geoffroy, marié 1° en 1620 à Madeleine de Carsant (*aliàs* Crozant), 2° à Marguerite de Pons; il mourut après 1654 sans postérité. Il avait trois sœurs, mariées aux seigneurs de Fontalbe, La Lande et La Batut. *(Note de M. Huet)*.

On verra à la branche de Saint-Cirq comment cette baronnie échut des Cardaillac aux Bideran, et comment une partie passa aux Peyre. Le 6 juillet 1784, Louis de Peyre, juge-mage de Cahors, co-seigneur justicier de Saint-Cirq-la-Popie, en dénombrait les rentes nobles et foncières pour 735 livres 8 sols. Le 12 juin précédent Gabrielle d'Ablanc, veuve de J.-B. de Bideran, avait déclaré 926 livres 10 sols pour sa part, soit la moitié en toute justice de la seigneurie de Saint-Cirq. *(Arch. départ. du Lot, C. 1218.)*

Saint-Jean. — M. Champeval, si érudit pour toutes les questions cadurciennes, croit que la maison noble de Saint-Jean était bâtie sur la place de ce nom, dans Saint-Michel-de-Banières (Lot).

Saint-Surin. — (On trouve souvent écrit *Saint-Seurin*.) — Fief et maison noble dans la paroisse de Saint-Martin-de-Cahuzac (aujourd'hui canton de Castillonnès, Lot-et-Garonne), et qui dépendaient de la sénéchaussée d'Agenais. — Il est dit dans d'Hozier (*Armorial de France*, Ire partie p. 66) que Jean d'Estissac, baron de Cahuzac, donna le 25 juin 1477, à Jean de Bideran capitaine de Cahuzac, un territoire détaché de sa manse, nommé Saint-Seurin avec pouvoir d'y bâtir une maison noble, sous l'hommage et le devoir d'une paire de molettes blanches. Cet hom-

mage fut rendu le 23 avril 1490 et en 1542 par Louis
de Bideran au baron d'Estissac. (Voir aux *Pièces justificatives*).

Salevert. — La situation de ce fief n'est pas
connue ; c'est peut-être un tènement dans Saussignac.

Sarrazac. — Château dans Saint-Michel-de-Banières, arrondissement de Gourdon (Lot).

Saumagnac. — Peut-être *Sauvagnac*, terre voisine de Guibon et sise dans la commune de Romagne,
canton de Targon (Gironde).

La Sauvagie. — Commune de Gardonne, canton
de Sigoulès (Dordogne).

La Vergne. — Situation inconnue.

Vèze. — Situation inconnue, probablement dans
le Lot.

SOURCES ET OBSERVATIONS

Pour éviter un trop grand nombre d'indications dans la désignation des sources, voici les abréviations adoptées :

1° *Arch. dép.* signifie : *Archives départementales*, suivi de la série indiquée par une lettre.

2° *Arch. du chât. de Canteranne* veut dire : *Archives du château de Canteranne, Fonds Bideran*, à M. le baron de Bideran-Canteranne.

3° De même pour le château de la Grèze à M. Maxence de Bideran, pour le château de Fayolles (en Saussignac) à M. Ed. Boisserie de Masmontet.

4° *Reg. parois.* veut dire : *Anciens registres paroissiaux de..* déposés à l'*État-civil* de la commune de...

5° *Fonds Périg.* veut dire : *Bibliothèque nationale; Département des Manuscrits : Fonds Périgord* (Lespine), 122 *(Dossier Bideran);* 132 *(Dossier Estissac).*

6° *Cabinet des Titres; Carrés; Cabinet; Nouveau d'Hozier*, indiquent des Fonds de ce nom au même Département de la Bibliothèque nationale.

———

Les dates disposées sous le chiffre romain de chaque degré indiquent les extrêmes connues concernant le personnage traité sous ce numéro.

Un prénom en petites majuscules penchées désigne celui sous lequel on est habituellement connu.

PREMIÈRE BRANCHE

SEIGNEURS

DE LA PONCIE

(PÉRIGORD).

1375-1540.

I

1375-1416

Garcie-Arnaud de Bideran, damoiseau en Estissac, seigneur de Campagnac[1] suivant quelques titres de la fin du XIVᵉ siècle.

Une charte du 11 avril 1401[2] nous le montre procureur constitué de noble dame Catherine de Barrière, femme du seigneur d'Estissac[3]. Il exerçait la même fonction pour Amaury-Fergand d'Estissac, dans un arrentement du pénultième avril 1409. Dans ce dernier titre, il est qualifié *armiger* (écuyer)[4]. Le 2 juin 1416 Françoise Vigier demoiselle

---

(1-3-4) Fonds Périg., 12ⁱ.

(2) Nouveau style ; la plupart de nos notes sont d'après le *vieux style.*

d'Estissac, qui le nomme son compère, le choisit comme son exécuteur testamentaire, avec Roger Gérald également damoiseau en Estissac. Elle désigne Amaury comme fils de Garcie-Arnaud[1]. D'une femme inconnue, Garcie-Arnaud, qui avait dû naître vers 1375, eut :

1. AMAURY DE BIDERAN, dont l'article suit.
2. HENRIQUE DE BIDERAN, mariée avant 1438 à *Tony de Valleton*, donzel, fils d'Hélie de Valleton, chevalier, capitaine du château de Clérans, d'où serait provenu Gabriel Valleton, donzel, marié le 10 janvier 1471 avec Catherine d'Escodéca. Ce dernier laissa trois fils auteurs supposés des Valleton de Boissière et de Garaube[2].

II

1416-1461

AMAURY DE BIDERAN, damoiseau, seigneur de Campagnac, Roussille, la Poncie et Malromet. Capitaine brave et audacieux, son nom se retrouve dans maints faits d'armes, orthographié tantôt *Amaury* ou *Amalric*, mais plus souvent *Maurigou* ou *Malrigou*.

Il naquit pendant la dernière période de la guerre de Cent ans. C'est probablement

---

(1) Fonds Périg. 132, f. 24, v.

(2) Notes mss. de M. de Larmandie sur les Valleton, et généalogie ms. de cette famille par Boisserie de Masmontet.

lui qui, sans autre qualification que celle de sieur de Bideran, rendit hommage au comte de Périgord, « pour son château *del Treus* en la châtellenie de Roussille[1] ». Il reçut de sa marraine Françoise Vigier, demoiselle d'Estissac, le mainement de Malromet et deux francs bordelais, par testament du 2 juin 1416[2].

A cette époque si triste de notre histoire, les seigneurs périgourdins ne furent pas toujours fidèles à leur drapeau, les Anglais, maîtres d'un grand nombre de nos places fortes en Guyenne, possesseurs de presque tous les châteaux des rives de la Dordogne, surent gagner à leur parti beaucoup de nos vaillantes épées périgourdines.

A l'instar de tant d'autres seigneurs, Malrigou s'attacha au parti envahisseur. En 1444 nous le voyons à la tête d'un corps de troupes Anglaises, s'emparer par surprise du château de Biron[3]. Informé que Gaston de Gontaut, baron de Biron et de Montferrant, s'avançait pour l'en chasser, il y fit mettre le feu. Gaston et ses chevaliers arrivèrent à temps pour éteindre l'incendie et s'emparer

(1) Fonds Périg., 10. f. 230, r.

(2) Fonds Périg., 122, f. 5.

(3) *Hist. des Grands Officiers de la Couronne*, VII, 301. — En 1451, Biron tomba de nouveau au pouvoir des Anglais, et cette fois le château et la ville, alors composée de plus de 200 feux, devinrent la proie des flammes. (*Histoire du château de Biron, par J. Salles*).

de Malrigou au moment où il essayait de franchir les remparts.

Dans le tome XXIII (f. 136) du *Fonds Périgord*, le chanoine Leydet donne l'analyse d'un long mémoire adressé au Roi et l'informant des grands dommages commis tant à Villeneuve d'Agenais qu'en d'autres lieux, par Malrigou de Bideran [1].

En 1450, il était capitaine de Bergerac, situation très importante, cette place étant une des clefs de la province. Jean de Bretagne, comte de Penthièvre et lieutenant du Roi en Guienne, ayant reçu de Charles VII l'ordre de s'emparer de cette ville, vint immédiatement l'attaquer. Le siège aurait pu être long, car Malrigou avait sous ses ordres une nombreuse garnison d'Anglais ; de concert avec la population qui était généralement du parti du Roi de France, il traita secrètement avec le comte de Penthièvre. Le 6 octobre 1450, les assiégeants entrèrent dans la place, et il fut accordé aux soldats anglais qu'ils pourraient se retirer « bagues sauves » [2].

C'est alors que Charles VII, par lettres royaux, datés du mois de février 1451, maintint les habitants de Bergerac, dans leurs anciens privilèges « parce qu'ils avaient con-
« tribué par leur fidélité et leurs intelligences

---

(1) Nous n'avons pu retrouver l'original aux Arch. dép. des Basses-Pyrénées.

(2) Fonds Périg., 122, f. 5.

« avec Malrigou de Bideran, capitaine de la
« ville, son fils [1] et ses adhérents, à la
« réduction de la place ».

Par ces lettres, le Roi ratifiait en outre les
lettres de rémission qu'Amaury avait déjà
reçues de Jean de Bretagne, dans lesquelles
il était dit que le capitaine de Bideran avait
remis Bergerac dans l'obéissance royale
« moyennant certaines convenances conte-
« nues ez articles jurés »; parmi ces articles se trouve celui où le comte de Penthièvre
promettait à Malrigou pardon et absolution à
lui et à ses compagnons, ainsi qu'à tous les
habitants de la ville qui voudraient demeurer
en l'obéissance du Roi; que par ses considé-
rations, en vertu de son pouvoir il remettait,
pardonnait et abolissait tous cas, crimes,
excès et méfaits commis par led. Malrigou de
Bideran et ses gens et ses compagnons, les
rétablissait dans leur bonne renommée, im-
posant sur ce, silence perpétuel au procureur
de Sa Majesté et à tous autres, etc., etc. [2].

En vue de s'attacher davantage Amaury et
son fils Garcie-Arnaud, le Roi Charles VII
jugea bon de leur donner, par l'entremise du
comte de Penthièvre, la seigneurie de Roussille. La charte, qui en fait foi, est datée du mois

---

(1) Il s'agit de Garcie-Arnaud, IIe du nom, qui suit. — Nous
sommes surpris que M. Labroue dans son *Histoire de Bergerac
sous les Anglais,* ne fasse pas mention du capitaine Bideran.

(2) Fonds Périg., 48, f. 348, r. et v.

de mai 1451 [1]. (Voir aux *Pièces justificatives*).
D'après le vicomte de Gérard *(Chroniques de
Tarde)*, il n'aurait eu Roussille qu'en viager.

Malgré la générosité du Roi de France
Malrigou de Bideran continua à guerroyer
pour le compte de l'Angleterre, ainsi que l'at-
testent des lettres patentes de Charles VII
adressées, au mois de novembre 1451, aux séné-
chaux d'Agenais et de Quercy et au châtelain
de Domme, pour faire rembourser au comte
de Penthièvre et de Périgord la somme de
1,000 réaux que ce dernier avait promise à
Malrigou de Bideran, capitaine anglais (sic),
pour la reddition de Biron et de Montferrand [2]. (Voir aux *Pièces justificatives*).

Dans une reconnaissance du 23 mai 1452,
Amaury prend la qualité de procureur constitué de noble et puissant homme, Amaury,
seigneur d'Estissac [3]. Cinq ans après, par
acte passé à Estissac à l'endroit où était
autrefois la *barbecane* de ce lieu (sic), il
acquit, le 13 juin 1457, de Guillaume, François et Antoine de Lagut, frères, damoiseaux
en Mussidan, pour le prix de « neuf vingt escus
d'or neufs, l'hostel ou hospice noble de la
Poncie » situé dans la ville de Bergerac, avec
ses appartenances et dépendances, s'étendant

---

(1) Fonds Périg., 122, f. 32. — Arch. dép. de la Gironde ; C. 4144
f. 87. — Arch. dép. des Basses-Pyrénées ; E, 847.

(2) Fonds Périg., 23, f. 136, v. — Arch. dép. de Pau ; E, 102.

(3)   id.   48, f. 348.

dans les paroisses et châtellenies de Montcuq, Saussignac, La Monzie, Sainte-Foy-la-Grande, Prigonrieux, Saint-Victor-de-la-Force et Saint-Pierre-d'Eyraud[1]. Il en rendit hommage le 20 novembre 1461 à Jean bâtard d'Armagnac, maréchal de France et gouverneur du duché de Guyenne au nom du Roi de France[2].

Amaury de Bideran avait épousé **Marguerite de Labatut**[3]; il fit son testament en 146., laissant :

1. GARCIE-ARNAUD DE BIDERAN, qui suit.

2. HÉLIE DE BIDERAN, auteur de la *branche de Saint-Surin* qui viendra en son rang.

3. GAILHARD DE BIDERAN, seigneur de Roussille et commandeur de la commanderie du Saint-Esprit, à Bergerac, en 1489[4].

---

(1) Fonds Périg. 48, f. 348.

(2)   id.   122, f. 3.

(3) Carrés de d'Hozier, 92, f. 16, r. — Lespine (122, f. 3.) la nomme *Magne de Chaumont* ou *Montlouis de Labatut*. Il peut confondre en tant que *Chaumont* avec sa belle-fille, mais avoir raison en tant que *Montlouis*, ancienne Maison des bords de la Dordogne. — Il y avait cependant dans les environs de Rousille une famille de Labatut, car nous voyons dans la généalogie Taillefer par Saint-Allais, Raymond et Aymeric de Labatut, habitants de la paroisse de Villamblard, consentir une reconnaissance le 25 novembre 1309 en faveur d'Armand de Taillefer. Alors que nous ne connaissons en Périgord pas de famille noble du nom patronymique de Labatut, nous relevons ce nom dans la bourgeoisie de Bergerac au XVe siècle.

(4) Fonds Périg. 48, f. 406. r. — L'Hôpital de Bergerac était un des plus anciens du royaume. Une bulle de l'année 1198, constate qu'il appartenait aux Frères du Saint-Esprit. Longtemps appelé Maladrerie ou Léproserie, desservi par des religieux hospitaliers

4. Jean de Bideran, donzet, lieutenant gouverneur de Biron pendant que son père en était gouverneur [1]. Il fut capitaine de Cahuzac en 1482. Dans une acense de 1461 il est dit frère de Garcie-Arnaud; en 1489 son frère Hélie l'institue tuteur de ses enfants avec Hélie de Roffignac. Ce qui prouve l'estime qu'on avait de lui, c'est que Jean d'Estissac le choisit également comme exécuteur testamentaire [2].

5. Catherine de Bideran. Elle épousa par contrat reçu J. de Montemedio et Guy Pellete notaires, le 15 octobre 1446, *Charles Gérald* ou *Géraud*, damoiseau en Estissac, fils de feu Rogier, donzel du même lieu, et de Marguerite de La Peyre, et frère de Catherine Gérald, mariée le 16 mai 1440 à Pierre, dit Périnet, Garel, de Bordeaux, et de Géraude et Bertrande Gérald [3]. Elle eut en dot 30 francs bordelais. Le contrat fut passé dans « l'hospice noble » de Malrigou à Estissac, en présence de nobles Charles de Talleyrand, seigneur de Grignols, Jean Merland, prieur de Mareuil, Poncet de Solminihac, damoiseau en Grignols, Hélie Grimoard dit Taillefer, Jean Gaufier, chapelain d'Estissac. Charles Giraud était seigneur dans la viguerie d'Estissac, il rendit hommage à son

---

de l'Ordre de N.-D. du Mont Carmel et de Saint-Lazare, il était administré par un commandeur, ou un de ses délégués, portant le nom de commandeur du Saint-Esprit. Gailhard de Bideran avait eu pour prédécesseur Jean de Clermont; Hélie Arnaud lui succéda en 1492, puis Bertrand de La Baume.

(1) Carrés de d'Hozier, 92, f. 20, r.

(2) Fonds Périg. 16, f. 304; 122. f. 23.

(3) Fonds Périg., 132, f. 23.

beau-père des biens qu'il y possédait, le 9 mai 1452[1]; il mourut avant juillet 1456, et sa femme avant octobre 1458, laissant comme fils Garcie-Arnaud, qui était le 19 de ce mois sous la tutelle de son grand-père Amalric de Bideran[2].

6. Peut-être FRANÇOISE DE BIDERAN mariée à *Pierre de Ribeyreix*, écuyer, fils de Guillaume et de Marie-Louise de Geyse de Vaucocour, qui devenu veuf se remaria en 1459 à Jeanne-Louise Adhémar, fille de François, damoiseau, et de Jeanne-Louise de Sufferte[3].

III

1451-1486.

GARCIE-ARNAUD DE BIDERAN, damoiseau, puis écuyer, seigneur de Roussille, de la Poncie et du repaire de Balbeyre.

Dans une transaction successorale passée le 1er janvier 1480 avec son frère noble Hélie de Bideran, damoiseau en Saussignac, il est qualifié : *damoiseau du seigneur d'Estissac*[4].

---

(1) Fonds érig., 132, f. 23.

(2) Fonds Périg. 151. — Il y avait dans la châtellenie de Montpon, voisine de celle d'Estissac, des Gérard (*aliàs* Girard ou Gérald) qui portaient : *parti de gueules à 3 chevrons d'or; et d'azur au chevron d'or accompagné en chef des deux fleurs de lys d'or sans pied et en pointe d'une fleur de lys aussi d'or.* Cette famille est représentée de nos jours par M. de Gérard de Lafût

(3) La famille de Ribeyreix d'après La Chesnaye-des-Bois remonte au XIIe siècle, elle porte : *d'azur à 3 lions couronnés d'or armés et lampassés de gueules, celui de la pointe passant.*

(4) Copie d'une production de titres, vidimée en 1771, aux Arch. du chât. de Canteranne.

Il prit part aux côtés de son père à la dernière campagne qui signala en Périgord la fin de la guerre de Cent-ans.

Au cours de l'article précédent, nous avons vu que Garcie-Arnaud et son père Amaury avaient reçu du comte de Périgord la seigneurie de Roussille. Dans la suite, ils vécurent sans bruit dans cette terre, au milieu de leurs tenanciers et de leurs domestiques. Tout en s'occupant de leurs affaires privées, ils obligeaient aussi leur suzerain dans les siennes; ils acensaient, inféodaient, achetaient ou vendaient des terres en son nom.

Le 1er février 1460 ils sont nommés tous les deux procureurs généraux et spéciaux de noble et puissant homme « mossen » Jehan d'Estissac, seigneur d'Estissac, Montclar, la Barde, Saussignac, Pineuilh, Cahuzac et autres places [1]. Garcie-Arnaud passe quelques jours après, une transaction avec le syndic de l'Eglise Saint-Front [2]. Comme procureur de Jehan d'Estissac, il paraît dans deux arrentements du 8 novembre 1460 et du 26 juillet 1463. Il paraît encore avec le même titre dans une acense consentie par lui en faveur d'un habitant d'Issac, paroisse de la Monzie-Saint-Martin, le 6 juin 1461, acte dans lequel son frère Jean de Bideran, damoiseau, figure

---

(1) Fonds Périg., 132, f. 163, r. — Guy d'Abzac, seigneur de la Douze et de Reilhac est nommé procureur dans ce même titre.

(2) Bibl. nat. Fonds Doat, 241, f. 136.

comme témoin [1]. En juin 1462, il reçut de Bardin de Beylie, paroissien d'Estissac, une reconnaissance féodale suivie d'hommage avec 30 sols, 2 poules et 2 journées d'acapte, en présence d'Antoine Gentil, chapelain d'Estissac et d'Hélie de Lespinasse [2].

Le 29 septembre 1463, il eut des difficultés avec la Communauté de Bergerac pour sa maison noble de la Poncie qu'elle voulait imposer. « Los cossols a may metz e talhat Grassiarnaut de Biderenc per nom de la Ponsia a ung franc, e per lod. mage Bertrand de Paleyrat demandat plussors.... e lod. Grassiarnaut de Biderenc a respons e dit qu'el erat noble, e non paguaria point de talh, e ni de pougezas, quaz los senhors nobles, coma lo senhor de la Forsa, e lo senhor de Longa e lo senhor de la Roqua e plussors autras gentils ne pagan point tal.... » Mais les consuls ne veulent point accorder à Garcie-Arnaud de Bideran les mêmes immunités qu'à quelques seigneurs privilégiés et « fu deliberat el dict cossolat que hom prenha ung sirven, e los cossols e que hom l'execute del mouble de l'ostal, et que hom no lo laysse poynt passar per tal noelas el, ni los autres, quar drech n'avem en cossolat [3].... ».

---

(1) Fonds Périg., 122, f. 3, r.

(2) Chartrier du chât. de Lanquais : liasse : *Chartes du Périgord*.

(3) Communication de M. Charrier d'après les *Jurades* de Bergerac; 1463, layette D, f. 21.

Garcie-Arnaud fut commis le 23 février 1471 pour recevoir les *montres*, faire réparer et *avitailler* les places du Périgord[2]. Dans d'autres titres des années 1468, 1483 et 1486 il est fondé de procuration par Bertrand d'Estissac, fils de Jean[3]. En 1464 il avait rendu hommage au comte de Périgord pour la seigneurie de Roussille ; l'abbé de Lespine mentionne en outre deux hommages pour la Poncie, rendus par lui, le premier à Charles de France, duc de Guyenne, le 8 novembre 1469, et le second au Roi de France, le 2 juillet 1486. Il est qualifié écuyer dans ce dernier[4]. Il fut choisi avec noble David de Montferrand, seigneur du Gua, comme arbitre entre Jean, seigneur d'Estissac, et Jean de Pellegrue, seigneur d'Eymet, au sujet des limites de leurs seigneuries[5].

Sa mort est antérieure à 1501. De **Louise Brard,** *aliàs* **Broarde**[6], sa femme, il laissa :

1. BERTRAND DE BIDERAN qui suit.

2. ARNAUD DE BIDERAN, dont le sort est ignoré.

3. ANNE OU AGNÈS DE BIDERAN, dite AGNÈTE, mariée par contrat portant filiation et partage, reçu au château d'Estissac par Hélie Dumas, notaire

---

(2) Fonds Périg. 16 f. 304.

(3)   —   122 f. 3, v.

(4) Extraits de la Chambre des Comptes de Paris.

(5) Archives de Gervain. — Note de M. Huet.

(6) Fonds Péri   122 f. 2 et 24; 51 p. 118.

royal, le 6 février 1501, à noble *Pierre Adhé-mar*, seigneur de la maison noble du Pont de Corsenchou, paroisse de Vallereuil, habitant de Périgueux, fils d'autre Pierre Adhémar ou Adé-mard, en présence de François Duvernh, avocat du Roi à Périgueux, et de Poncet Chancel, avocat de la même ville[1]. Anne eut en partage le tiers de la fortune paternelle. Elle vivait encore en 1548, car le 10 février de cette année elle passe un acte comme mère de noble François Adhémar.

3. JEANNE DE BIDERAN. Elle assista au mariage de sa sœur Anne et épousa, probablement après 1501, *François de Saint-Martin*, écuyer, seigneur de Puyguéraud[2], dont elle eût entr'autres enfants : Louise de Saint-Martin, mariée le 10 février 1530, à *André de Ribeyreix*, baron de Courbeffy, petit-fils de Pierre de Ribeyreix et de sa seconde femme Jeanne-Louise Adhémar[3]. Ce Pierre avait épousé Françoise de Bideran en premières noces, comme on l'a vu ci-dessus (page 33).

Dans la *Recherche sur la noblesse du Péri-gord*, par la marquise de Cumont, p. 133, à la montre de l'Arrière-ban de 1536, extraite du *Trésor d'Hautefort* il y a un article ainsi conçu : « .... les hoirs de Gracy Ar-

---

(1) Fonds Périg. 122 f. 24. — t. 51. (Charte de Beauségour) ; et t. 60 f. 342, v. — Adhémar en Périgord porte : *d'azur à trois fasces ondées d'argent*. (Maintenue de 1667).

(2) Fonds Périg. 122. f. 39. — Saint-Martin en Périgord, porte : *d'azur à la croix d'argent cantonnée de 4 fleurs de lys d'or* (Maintenue 1667).

(3) La Chesnaye-des-Bois ; Généalogie Ribeyreix.

nault, Géraud Bidarenc, Le Pont de Lisle, Arnault de Thénac, les hoirs de la damoyselle de Sainct Martin, 1 archer ». Il est facile d'interprèter qu'il s'agit des personnages ci-dessus : *Gracy Arnault*, c'est le père ; *Géraud*, quelque neveu ou cousin inconnu ; *Le Pont de Lisle* et le sieur de *Saint-Martin*, les deux gendres ; *Arnault de Thénac*, est Arnaud de Bideran, sieur de Thénac, plutôt que le mari d'une troisième fille inconnue, puisque le contrat de 1501 portant partage, ne parle que de trois enfants.

IV

1501-1529

Bertrand de Bideran, damoiseau, seigneur de la Poncie et co-seigneur foncier de Leyraudie.

Il est nommé dans des titres de 1501 à 1529[1]. En 1506, de concert avec Pierre Adhémar son beau-frère et Bernard Pasquet, aussi co-seigneurs de Leyraudie, il vendit ce village à Bertrand de Lur, seigneur de Longa et de Barrière ; ce dernier par contrat du 1er juin 1515, recéda Leyraudie à Bertrand de Bideran[2].

Bertrand de Bideran avait épousé avant

---

(1) Fonds Périg., 122 f. 3, v.

(2) Généalogie de Lur, par Courcelles.

février 1501 (v. s.) **Marguerite, dite Guyote, du Pont de Lembras**, de la paroisse de Lembras en Périgord[1] avec laquelle il est nommé dans le contrat de mariage de sa sœur Anne, où il lui est attribué la maison noble de la Poncie, sise à Bergerac, et 100 livres de rente[2]. Il décéda ne laissant qu'une fille :

MARGUERITE DE BIDERAN, qui épousa *Jean*, dit *Jeannot, de Mensignac*, écuyer, sieur des Hommes, archer de la Garde du corps du Roi[3]. A la mort de son père, elle hérita des fiefs de la Poncie.

Le 9 janvier 1538, Jean de Mensignac, tant en son nom qu'au nom de Marguerite, rendit hommage au Roi pour la maison noble de la Poncie, située dans la ville de Bergerac et pour ses dépendances dont était le péage du sel sur la Dordogne[4], et le dernier de juin 1540 il en fournit aveu et dénombrement.

De ce mariage ne provint qu'une fille : *Anne de Mensignac*[5], mariée le 16 octobre 1550, à *Odet* (aliàs *Annet) de Salignac*, écuyer, sieur de Graulejac, homme d'armes de la compagnie de M. de Tavannes puis capitaine de 50 hommes d'armes. Par ce mariage les fiefs de la Poncie, passèrent dans la maison de Salignac[6]. Le 5 dé-

---

(1) Fonds Périg., 48, f. 348, v. et 122, f. 3, v. et 15 r.

(2) Fonds Périg., 60, f. 342, v.

(3) Carrés de d'Hozier 92, f. 23 à 25

(4) Catalogue des Actes de François I*r, v. p. 520.

(5) Fonds Périg., 122, f. 15, 16.

(6) C'est dans le château de la Poncie en Saint-Jean-d'Estissac,

cembre 1605, Arnaud de Salignac, écuyer, seigneur de Graulejac, La-Roque-de-Gajac, et la
Poncie, gentilhomme ordinaire de la Chambre
du Roi, tant en son nom qu'au nom de sa mère
Anne de Mensignac, en rendit hommage au
Roi. Il est l'auteur de deux branches cadettes,
dont l'une, bien déchue, existait il y a peu
d'années encore.

---

que naquit en 1714 J. B. de Salignac, abbé de Fénélon, aumônier
de Marie Leckzinska et directeur de l'établissement des petits Sa-
voyards; il fut décapité en 1794, âgé de 80 ans.

SEIGNEURS

DE SAINT-SURIN.

(AGENAIS).

1445-1839.

III

144.-1489.

Hélie de Bideran, damoiseau, seigneur de Monteton, capitaine de Saussignac, second fils d'Amaury Ier de Bideran, seigneur de Roussille et de la Poncie, et de Marguerite de Labatut (voir p. 31) est l'auteur de la branche dite de Saint-Surin.

Il fut témoin avec Bernard de Roquefort, seigneur de Lenvêge, de la donation que Jeanne d'Estissac fit à son fils Jean de Madaillan, des châteaux, châtellenies et terres d'Estissac, Montclar, la Quinte, Pineuilh, Saussignac, Cahuzac, Coulonges-les-Royaux, Boypebreu, Cherneulx, Malenguil, etc. etc., toutes situées dans l'ancien duché d'Aquitaine [1].

Le 22 décembre 1465, Jean de Madaillan

---

[1] Fonds Périg., 132, f. 15, r. Ainsi les Madaillan furent substitués aux Estissac.

donna à noble homme Hélie de Bideran, *son serviteur et écuyer* (sic) une terre appelée Monteton et située dans la paroisse de Gardonne[1]. Le 19 juillet 1482, ce même Jean de Madaillan anoblissait en sa faveur certains fonds et héritages situés dans la paroisse de Saint-Martin-de-Saussignac, à la Mongie, et, dans la paroisse de Saint-Jean-de-Gardonne, à Monteton, le tout sous l'hommage d'une paire de gants blancs[2].

Par contrat, retenu Guy de Pellete et Jean Guischard, notaires, Hélie de Bideran épousa au château de Montclar, le 20 janvier 1471, (n. s.) **Rixende de Chaumont**[3], fille de feu noble homme Pierre de Chaumont, et de noble dame Jeanne de Losse. Raymond de Chaumont, frère de l'épouse, lui constitua en dot la somme de 200 écus d'or payables sitôt après les noces, qui furent fixées aux jeudi et vendredi 24 et 25 janvier, et qui se célébrèrent dans le château de Montclar «....*postmodum vero jovis et veneris crastina predictarum nupciarum successive devenientibus que fuerunt institutate vicesima quarta et vicesima quinta mensis anni et loci predicti.* » Les témoins furent Jean d'Estissac, chevalier, sei-

---

(1) Arch. du chât. de Fayolles.

(2) Id., et Fonds Périg., 122.

(3) Dans certaines chartes elle est encore appelée *Rixentem*, *Rixils* et *Magne* de Chaumont; son mari la prénomme *Marguerite* et *Madeleine* dans son testament.

gneur d'Estissac et de Montclar ; nobles
hommes, Bertrand Gailhard, seigneur de Bor-
gognade ; Mathurin de Clermont, seigneur
de Piles ; messire Jean de Montmède, recteur
de l'église paroissiale de Landzia (sic) et trois
autres prêtres.

Par contrat d'échange passé le 4 mars 1483,
Hélie de Bideran céda Monteton à noble
homme Hélie de Roffignac, seigneur de Gardonne, dont les successeurs continuèrent à
rendre l'hommage aux seigneurs de Saussignac [1].

Sans nul doute, Hélie de Bideran se maria
deux fois, nous venons de voir le contrat de
mariage passé le 20 janvier 1471 et les noces
annoncées pour quatre jours après. Or Jean, fils
aîné d'Hélie est nommé capitaine de Cahuzac
en 1477, date certainement bonne puisque ce
même Jean est en 1495 père d'une fille mariée elle-même. Toutes ces concordances de
dates le font naître aux environs de 1458. Par
un premier mariage d'Hélie, il se trouverait
ainsi expliqué comment Jean, probablement
apanagé par ce premier contrat de mariage
de son père, n'est pas institué héritier universel dans le testament paternel, et comment aussi il y a environ 40 années d'inter-
valle entre le mariage de ce Jean (antérieur à

---

(1) Arch. du chât. de Fayolles. — Monteton a passé successivement dans les maisons de Roffignac, de Larmandie, et de Los-
tanges-Sainte-Alvère.

1480) et celui de son frère Bertrand célébré
en 1519. Peut-être Hélie avait-il épousé les
deux sœurs.

Hélie fit son testament le 11 février 1489, à
Saussignac devant Mathurin de Largeau,
prêtre et notaire publĭc de Saussignac, en
présence de « Marciale Mereclier, vicario
de Gargaco, Matheo de Boudenes, rectore
ecclesie de Montoriol » et de Jean et Gérard
de la Sauvetat, de Saussignac. Il demande à
être enseveli au tombeau de ses ancêtres dans
l'église de Saussignac, et ordonne que Madeleine de Chaumont, son épouse soit usufrui-
tière de tous ses biens immeubles « nobilis
Magdalena de Chaumont sit usufructuaria ».
Il lègue à quatre de ses fils la somme de 40 livres tournois et les nomme ainsi : Jean, Garcie-Arnaud, Bernard et autre Jean. Il ordonne
ensuite que sa fille Marie soit mariée selon le
rang occupé par la maison de Bideran. Enfin
il nomme son bien-aimé et très cher fils « di-
lectum et carrissimum filium » Bertrand
héritier universel. Il lui substitue en cas de
décès Jean et ses autres frères ce qui a fait
longtemps supposer que Bertrand était l'aîné;
il parle d'un enfant posthume « fructus qui
est de presenti in ventre dicte Marguarite de
Chaumont, uxoris dicti testatoris... » et nomme tuteurs de ses enfants : nobles Hélie de
Roffignac[1] damoiseau et seigneur de Gar-

---

[1] Hélie de Roffignac était seigneur de Gardonne dès 1470. —

donne, et Jean de Bideran aussi damoiseau, habitant du lieu de Quensac [1], puis il institue pour exécuteurs testamentaires « probos homines » Bertrand de Boismorel et Jean de Salnet [2].

Ses enfants sont :

1. JEAN DE BIDERAN qui suit.
2. GARCIE-ARNAUD DE BIDERAN dont le sort est ignoré.
3. BERTRAND DE BIDERAN, auteur de la *branche de la Mongie* qui suivra.
4. BERNARD, dit BARDET, DE BIDERAN, chanoine de Saint-Nicolas de Cahuzac, curé d'Estissac, mort avant 1491. Cette année-là, un fils naturel qu'il avait eu avant d'entrer dans les ordres, nommé JEAN, dit RICOU, DE BIDERAN, transigea avec ses oncles pour sa légitime [3]. Peut-être est-il le véritable auteur de la branche de la Martinière.
5. JEAN DE BIDERAN, chanoine de Poitiers et prieur de La Car. Par acte passé devant le juge de Saussignac, le 26 septembre 1536, il fut nommé tuteur des enfants de son frère Bertrand [4].
6. LOUIS DE BIDERAN, auteur de la *branche de la Fortonie* et des *branches du Quercy*, qui suivront.

Il fit son testament en 1473. Il avait épousé Margerite de Veyrines, qu'il laissa veuve et dont il n'eut pas d'enfant mâle.

(1) Il s'agit ou de Cahuzac, ou de Queyssac, près Montclar.
(2) Carrés de d'Hozier, 92, f. 20, r.
(3) Grosse aux Arch. du chât. de Canteranne.
(4) Carrés de d'Hozier, 92, f. 40, r.

7. MARIE DE BIDERAN, nommée au testament de son père.

8. JEANNE DE BIDERAN, nommée dans un acte des Archives du château de Canteranne; elle dût décéder sans alliance avant 1489, car son père n'en fait pas mention dans son testament.

IV ·

145.-1495.

JEAN DE BIDERAN, damoiseau, seigneur de Saint-Surin [1].

Il est formellement dit fils aîné d'Hélie, seigneur de la Mongie et de Rixende de Chaumont, dans Lespine (16 f. 304 v.), ce qui est une erreur pour la mère, comme nous l'avons dit plus haut. Nommé capitaine du château de Cahuzac par Jean d'Estissac, baron de Cahuzac, il en reçut en don, le 25 juin 1477 [2], un territoire détaché de sa manse, nommé *Saint-Surin*, avec pouvoir d'y bâtir une maison noble, sous l'hommage et le devoir d'une paire de gants blancs. Le 13 avril 1490, Jean rendit hommage à Bertrand d'Estissac pour ladite maison noble de Saint-Surin [3].

---

(1) Jean est dit fils d'Hélie : 1º aux Arch. dép. de la Vienne; 2º dans le jugement de Maintenue de son descendant Louis (1666); 3º aux Arch. du chât. de Canteranne; 4º au Fonds Périgord, 16, f. 304.

(2) Arch. du chât. de Canteranne; — d'Hozier, Armorial de France 1er reg. 1re partie p. 16; — voir aux *Pièces justificatives*.

(3) Armorial du Périgord par A. de Froidefond.

Jean de Bideran épousa[1] **Marie de Fon-bernier** (*aliàs* **de Fonbrenie** ou **Fonbrevie**), fille de noble Jean de Fonbernier, seigneur de Fontenay-le-Comte, Marconnay et autres lieux[2]. Il testa le 24 mai 1490 à Cahuzac[3], devant Antoine de Planis, notaire, léguant à Anne, Bardet, Arnaud et Guillaume ses enfants la somme de 400 livres par tête et instituant pour son héritier universel Jean son fils aîné. Ce testament fut fait en présence de Matefréde Pernis, recteur de Cahuzac. Le 11 juillet 1495[4], Jean de Bideran fit un codicille retenu par Jean de Senolhio, notaire. Il ue vivait plus le 25 octobre 1504, car sa femme se dit veuve dans une transaction passée à cette date avec son frère noble Michel de Fonbrenier, seigneur de Soulheure en Poitou.

Leurs enfants sont :

1. JEAN DE BIDERAN, qui continue.

2. BARDET DE BIDERAN, nommé au codicille de 1495.

3. ARNAUD DE BIDERAN, écuyer. Le 17 juin 1515, il donne une procuration à Jean son frère pour retirer sa part des biens héréditaires de leur mère, Marie de Fonbrenier[5].

---

(1) Fonds Périg., 122, f. 21, r.

(2) D'une transaction en forme de grosse aux Arch. de Canteranne, on déduit que Marie de Fontbrenier avait une sœur, morte comme son père avant 1486, et que ce Jean de Fontbrenier, fils de Jacques aussi damoiseau, avait eu une sœur prénommée également Marie.

(3 et 4) Grosse aux Arch. du chât. de Canteranne et *Maintenue* de 1635.

(5) Grosse aux Arch. du chât. de Canteranne.

4. GUILLAUME DE BIDERAN, nommé au codicille de 1495.

5. ANNE DE BIDERAN, mariée avant 1495 avec *Grégoire Bonnet.*

6. MADELEINE DE BIDERAN, nommée au codicille de 1495.

7. MARIE DE BIDERAN.

8. LOUISE DE BIDERAN. Cette dernière mentionnée seulement dans un mémoire de famille souvent erroné.

V

1506-1528.

JEAN DE BIDERAN, écuyer, seigneur de Saint-Surin.

Il épousa par contrat [1] portant filiation de mère, du 26 juillet 1506, reçu Jean de Franca, notaire à Issigeac, **Jeanne des Martres** [2], fille de feu noble Jean *de Las Martras* et de Catherine de Carbonnières, assistée de *noble et scientifique personne, messire An-*

---

(1) Grosse en parchemin aux Arch. de Canteranne, et Fonds Périg., 16, f. 304.

(2) La famille de Martres, ou des Martres, en Périgord, porte : *d'azur à une martre d'argent rampant sur une plaine de sinople,* cet écu est parfois posé sur un écartelé de : *aux 1 et 4 d'argent au lion de gueules* (aliàs *de sable*); *aux 2 et 3 de gueules à une meule de moulin d'argent.* (Armorial du Périgord, 1, 335). Une sœur de Jeanne des Martres, nommée Antoinette, épousa Hélie de Merle, écuyer, seigneur de Montgaillard, lieutenant particulier au présidial de Périgueux, dont une fille Isabeau de Merle, se maria en 1531 avec Jean de Froidefond, écuyer, seigneur des Farges. (Communication de A. de Froidefond).

thoyne de Las Martras prêtre, recteur de Fontrobert et Saint-Julien.

La future reçut 600 livres tournois de dot avec substitution en cas de non postérité en faveur de son frère Marc des Martres, écuyer, seigneur de Saint-Léon-sur-Vézère, puis de Bernard et Antoine des Martres, oncles de ladite Jeanne. Ce contrat fut passé en présence de nobles Jean de Massault, seigneur de Clérans, de Frénon de Losse, seigneur de Peyretailhade, de Poncet de Carbonnières, seigneur de Faux, et d'Arnaud de Carbonnier, damoiseau en Castillonnès.

Jean de Bideran testa devant Pasquet, notaire royal, le 31 octobre 1528[1]. Le 1er octobre 1517, il avait assisté au mariage de son beau-frère Hélie des Martres écuyer, seigneur de la maison noble de La Salle de Saint-Léon-sur-Vézère, de la terre et du château de Saint-Christophe, avec Marguerite de La Cropte, de Lanquais.

C'est de lui, ou d'un de ses enfants (à moins qu'il ne s'agisse d'un Buade, seigneur de Saint-Sernin, également voisin de Cahuzac) dont parle Rabelais dans son chapitre LII de *Pantagruel*. A Cahuzac il y eut un tir à la lutte entre les seigneurs d'Estissac et de Lausun ; on mit comme blanc sur la cible un fragment de *Décrétales*, aussi les arbalètes des gentilshommes n'atteignaient point le but.

---

(1) Arch. de la Lande ; analyse de M. Léo Drouyn.

« *Sansornin*, l'aisné, qui gardoit les gages, nous juroit... qu'il avoit vu le pasadous droict entrant au milieu du blanc, sur le poinct de toucher... s'estre escarté. »

Ses enfants, tous nommés dans son testament, sont :

1. Louis DE BIDERAN, dont l'article suit.

2. JEAN DE BIDERAN, auteur de la *branche de Cause* qui est rapportée à son rang.

3. MARGUERITE DE BIDERAN qui fut mariée à *Jean Manaut*, écuyer, sieur de la Rivière, dans la juridiction de Beaumont [1].

4. MARIE DE BIDERAN qui demeurait dans la paroisse de Daignac, juridiction de Préchac en Bordelais. Elle vendit le 25 octobre 1566 à son frère Jean tous les droits sur la succession paternelle et maternelle. Elle avait testé le 18 décembre 1560 [2].

5. ANNE DE BIDERAN, dont le sort est ignoré.

6. JEAN DE BIDERAN [3], qui s'établit au diocèse de Lectoure, à Banhac, et sur lequel nous sommes sans renseignements.

7. ARNAUD DE BIDERAN [4], écuyer, sieur de Biran, fut témoin, en 1551, pour la quittance de dot de son neveu. Peut-être est-ce lui qui épousa *Françoise de La Boussinie*, ainsi qu'il appert d'une transanction datée de 1598 [5]. De ce mariage il n'aurait eu que deux filles :

---

(1) Mémoire de famille conservé aux Arch. de Canteranne.

(2) Arch. de la Lande, *ut suprà*.

(3 et 4) Mémoire de famille, *ut suprà*.

(5) Cab. des Titres, 132, f. 128, v. — Dans une généalogie ma-

A. MARGUERITE DE BIDERAN, qui épousa par contrat du 31 mars 1596 *Etienne de La Rigaudie*, capitaine, fils de Pierre, écuyer, seigneur de La Rigaudie et de Marie de Vigier [1].

B. PEYRONNE DE BIDERAN, épouse de *Jean de Frémoulines* ou *Trémolines*, seigneur du repaire noble de Siorac et y habitant [2].

8. MARC DE BIDERAN, écuyer, seigneur de Saumagnac en Bazadais, auteur de la *branche de Guibon*, qui est rapportée à son rang.

VI

1534-1556.

LOUIS DE BIDERAN, écuyer, sieur de Saint-Surin. Il rendit hommage pour ce fief, le 27 février 1542 à Louis, baron d'Estissac, en présence de nobles Jehan de Fayolles, seigneur de Puyredon et Jehan de Buade, seigneur de Saint-Sernin [3]. Institué héritier uni-

---

nuscrite de la famille La Rigaudie, par A. de Froidefond, il est dit qu'Arnaud de Bideran épousa Françoise de Boussignac (*sic*), et que devenue veuve Françoise se remaria avec Hélie de Chassarel, écuyer, seigneur de Grézignac, dont elle eut Jacques et Jean de Chassarel.

(1) Cab. des Titres, 132, f. 128, v. et généalogie manuscrite de La Rigaudie. — La famille de La Rigaudie (*aliàs* de Larigaudie), qui établit une filiation suivie depuis le xvᵉ siècle et dont le nom patronymique primitif semble être Chastanet, porte : *d'argent à quatre fasces de gueules et une bordure d'azur chargée de 8 besans d'or*.

(2) Cab. des Titres, 132, f. 128, v.

(3) Original aux Arch. du chât. de Canteranne. (Voir aux *Pièces justificatives*.)

versel par son père, il transigea au sujet de cette succession avec son frère Jean, en octobre 1556 [1].

Par contrat [2], reçu Pasquet, notaire royal, il épousa le 18 octobre 1534 **Marguerite du Pont**, fille de noble Jean du Pont, de la ville de Bergerac [3]. Elle lui apporta en dot 1,600 livres tournois.

Louis testa le 24 août 1548, mais il ne mourut que longtemps après. Ses enfants sont :

1. LOUIS DE BIDERAN, qui suit.
2. LOUISE DE BIDERAN. Peut-être est-ce la même qu'une Louise de Bideran, qui épousa le 9 septembre 1560 *Gabriel Saunier*, écuyer, sieur de Neuville, fils de Jean, écuyer, sieur de Laborie et de Marguerite Jaubert, par contrat reçu Couthuron, notaire royal [4].
3. Peut-être ANNE DE BIDERAN, femme de *Benoît Saunier*, écuyer, sieur de Ferrières. Elle est dite sœur de Louise dans le contrat de mariage de celle-ci avec Gabriel Saunier, frère lui-même de Benoit. Par un acte du 23 avril 1564,

(1) Arch. du chât. de Canteranne.
(2) Copie collationnée aux arch. du chât. de Canteranne. — Arch. départ. de la Vienne et Carrés de d'Hozier.
(2) Ces du Pont seraient les mêmes que les du Pont-de-Lembras, à en croire le contrat de mariage d'Anne de Bideran de 1501, cité ci-dessus, où sa belle-sœur, femme de Bertrand de Bideran, est appelée « du Pont de Bergerac ». (Fonds Périg. 60, *ut suprà.*)
(3) Communication de notre confrère M. F. de Bellussière, qui prépare la généalogie de la maison Saunier en Périgord, qui porte: *D'azur à un chardon d'or tigé et feuillé de sinople supportant deux chardonnerets affrontés de même.*

les deux sœurs vendent pour 3,000 livres à Robert Green de Saint-Marsault, écuyer, seigneur de Parcoul et Pendrix les biens qu'elles possédaient dans les paroisses de Parcoul, Saint-Avit, Bazac et Saint-Quentin, sis en Saintonge [1].

VII

1550-1595.

LOUIS DE BIDERAN, écuyer, seigneur de Saint-Surin.

Il se maria deux fois. 1° Par contrat passé au château de Puyredon devant Behidsac, notaire royal, il épousa **Jehanne de Fayolles**, fille de Jean, écuyer, seigneur de Puyredon et de Catherine du Teilh : le contrat est du 3 septembre 1550 et la quittance des 150 livres de dot de Jehanne, du 3 avril 1551. Noble Arnaud de Bideran, oncle de Louis, est témoin de ces deux actes [2]. Par contrat du

---

(1) Communication de M. F. de Bellussière.

(2) Arch. du chât. de Saint-Sernin de la Barde à M. du Luc. — On doit aux d'Estissac, la venue en Périgord de cette famille de Fayolles. Un seigneur du Poitou, dont le nom patronymique serait *Pisseleu* selon d'Hozier, et *Joubert* selon MM. Beauchet-Filleau, nommé Jehan de Fayolles, co-seigneur de Fayolles en Poitou (terre qui, par les Sapinaud, passa en 1624 aux du Rousseau, représentés de nos jours par l'amiral marquis du Rousseau de Fayolles) épousa Marguerite de Vivonne en 1486. Jean d'Estissac, marié à la sœur de Marguerite, donna Puyredon en Périgord à son beau-frère J. de Fayolles en échange des droits que Marguerite avait en Poitou. Une branche cadette des Fayolles de Puyredon changea le nom de son château de Rapevacque, en Saussignac, en celui de Fayolles, pour rappeler son fief poitevin. Cette maison

25 juillet 1564, il se remaria avec **Louise de Saint-Ours**, fille de noble Jean de Saint-Ours et de Marie de La Cassagne de Cugnac[1].

Louis de Bideran testa le 4 mars 1595, devant Guilaume Pasquet, notaire royal[2], il demande à être enterré dans l'église de Saint-Martin-de-Cahuzac, il laisse l'usufruit de ses biens à sa femme Louise de Saint-Ours et à Catherine du Teilh, sa belle-mère. Il nomme sa fille Catherine mais ne lui laisse rien, l'ayant suffisamment dotée, dit-il, lors de son mariage avec le sieur de Mothes. Il institue Geoffre, son fils aîné, héritier universel. François Dubal, procureur d'office de la juridiction, Héliot et Fourton Vacquier père et fils et Pierre Vergniaud, maître tournier du prieuré de Saint-Front, sont les témoins instrumentaires du testament.

Louis de Bideran décéda le 6 avril suivant

portait comme les Pisseleu, du reste : *d'argent à trois lions de gueules armés et lampassés de sable.*

Mais M. le vicomte de Gérard ayant retrouvé que leurs armoiries étaient primitivement écartelées : *aux 1 et 4 d'argent, au lambel de gueules, et aux 2 et 3 d'argent, à 3 lions*, etc., on peut supposer que l'écu au lambel est celui des Joubert, tandis que l'autre serait celui des Pisseleu. Sur une porte du chât. de Fayolles, à l'un de nous, on voit encore un écusson qui porte en écartelé 1º des hermines, or les Vivonne ont des hermines dans leurs armes; et 2º un champ plein avec un lambel. (*Généal. ms. des Fayolles de Puyredon, par A. de Saint Saud.*)

(1) Fonds Périg. 16, f. 304, v., l'année du 2º mariage y est dite 1568. Saint-Ours en Périgord porte : *d'azur, à un ours d'or sur une terrasse de gueules.*

(2) Expédition notariée de 1666, aux Arch. du chât. de Canteranne.

(1595) et fut enseveli dans l'église Saint-Martin-de-Cahuzac [1].

Ses enfants, que nous avons tout lieu de croire du second lit, sont :

1. GEOFFROY DE BIDERAN, qui suit.
2. JEAN DE BIDERAN, curé de Castillonnès.
3. LOUISE DE BIDERAN, alliée à *Jean d'Abzac*, écuyer, sieur de Laprade, probablement fils de Jean d'Abzac, écuyer, seigneur de Laprade, qui testa en 1551, et de N... de Loupdat.
4. CATHERINE de BIDERAN qui épousa par contrat du 4 mars 1590 noble *Pierre de Mothes*, écuyer, peut-être fils de Jean, écuyer, et de N... de Touchebœuf de Clermont [2].

VIII

1587-1614.

GEOFFROY, ou GEOFFRE, DE BIDERAN, écuyer, seigneur de Saint-Surin.

Il épousa le 12 février 1587, *Louise Legrand*[3], et fit son testament [4] le 23 novembre 1614, mais ne mourut que longtemps après laissant :

1. JEHANNE DE BIDERAN, baptisée à Cahuzac le

---

(1) Reg. par. de Cahuzac.
(2) Note de M. de Gérard.
(3) Fonds Périg. 16, f. 304, v..
(4) *Mémoire de famille, ut suprà.*

25 mars 1592, tenue par Louis de Bideran son grand-père et Jehanne de Fayolles [1].

2. PIERRE DE BIDERAN qui suit.

3. Autre PIERRE DE BIDERAN, sieur de la Sablière, lieutenant au régiment d'Estissac en 1624. Il assista comme capitaine de cavalerie le 1er septembre 1632 à la bataille de Castelnaudary [2] où il se distingua; ce fut lui qui tua le comte de La Feuillade [3].

4. MARIE DE BIDERAN, baptisée à Cahuzac le 4 janvier 1598. Elle épousa *Daniel de Galaup de la Mothe*, écuyer, sieur du Bousquet [4].

5. Autre MARIE DE BIDERAN, mariée le 22 octobre 1617 avec son cousin *Antoine de Bideran de Cause*, veuf de Jeanne de Fayolles, et fils de Jean, seigneur de Cause, et d'Anne de Toucheboeuf-Beaumond (Voyez plus loin).

(1) Reg. par. de Cahuzac.

(2) Arch. du chât. de Canteranne et dép. de la Vienne, E. 150. — Le combat de Castelnaudary fut donné le 1er septembre 1632 par le maréchal de Schomberg contre les troupes de Gaston duc d'Orléans. Les comtes de Moret et de La Feuillade y furent tués et Henri duc de Montmorency qui fut plus tard décapité à Toulouse, y fut blessé et fait prisonnier. — Voir les Mémoires de Jacques de Puységur.

(3) François II d'Aubusson, comte de La Feuillade, était fils de Georges d'Aubusson, comte de La Feuillade, et de Jacquelines de Lignières; élevé enfant d'honneur du roi Louis XIII, il fut premier chambellan de Monsieur, duc d'Orléans, et maréchal de camp des armées du Roi. Il était encore fort jeune lorsqu'il fut tué par le capitaine de Bideran, au combat de Castelnaudary. De son mariage contracté le 24 octobre 1611 avec Isabeau Brachet, fille de Guy, seigneur de Pérusse et de Montagut, et de Diane de La Tour-Landry, il eut entre autres enfants : François III d'Aubusson, comte, puis duc de La Feuillade, pair et maréchal de France. — (*Communication de M. Tamizey de Larroque; Gazette de France du 15 septembre 1682, extraordinaire.*)

(4) Reg. par. de Cahuzac.

6 à 11. D'après un mémoire de famille, souvent erroné, il y aurait eu d'autres enfants prénommés : François; Jean; Louis; Louise de Bideran, femme de *Jean d'Hélias*, sieur du Rouzier, et mère de Pierre d'Hélias aussi sieur du Rouzier ou de La Rouzie; Anne de Bideran, femme de *Pierre Pasquet*; Jeanne et autre Jeanne de Bideran [1]. Or, c'est une de ces deux Jeanne qui épousa *Jean d'Hélias*, comme le prouve le contrat de mariage de Jeanne d'Hélias avec Jean de Bideran de Fontenelle, cité plus loin.

IX

1595-1657.

Pierre de Bideran, écuyer, seigneur de Saint-Surin, fut baptisé à Cahuzac le 1er novembre 1595 [2].

Il était en 1635 capitaine au régiment du baron de Cugnac [3] et lors des guerres de la Fronde, il fut nommé gouverneur du château de Cahuzac, par le prince de Marcillac [4]; il est ainsi qualifié du reste dans le contrat de mariage de sa fille Jeanne.

Le 8 janvier 1618 il assistait comme parent, dans la maison de Roffiac, paroisse de Puy-

---

(1) Mémoire de famille, *ut suprà.*

(2) Registres paroissiaux de Cahuzac.

(3 et 4) Arch. de Canteranne et dép. de la Vienne — Louis du Val, sieur del Bosquet, était capitaine de Cahuzac en 1618, c'est donc lui qui précéda dans cette charge Pierre de Bideran son parent.

Dauphin, au mariage de Marguerite de Galaup, fille de feu noble Pierre, juge de Villeneuve d'Agenais et de Marie Douzon, avec
noble N... du Val, écuyer, sieur de Libersac,
fils de Mr Me François du Val, juge des seigneuries de Cahuzac et de Labarte, et de
Louise Legrand [1].

Pierre de Bideran épousa par contrat du
5 avril 1621, **Louise du Boys**, fille de François
du Boys, écuyer, seigneur de la Grèze, et de
Jeanne de Fayolles [2].

Il testa le 16 novembre 1657 [3], laissant :

1. LOUIS DE BIDERAN qui suit.

2. PIERRE DE BIDERAN, lieutenant au régiment de
   Montauzier, tué au siège de Condé [4] en 1676.

3. Autre LOUIS DE BIDERAN, qui a continué la descendance et dont l'article suivra après son frère.

4. MARC-ANTOINE DE BIDERAN, écuyer; il transige
   avec Louis de Bideran son frère aîné, le 27
   juin 1660 sur la succession de leur père [5].

5. JEANNE DE BIDERAN, mariée par contrat portant
   filiation du 27 juillet 1653 [6], avec *Jean Merle*,

---

(1) Arch. dép. du Lot-et-Gar. Insinuations B. 43. f. 123 à 130 et
Nobiliaire de Guyenne, IV p. 375, 376.

(2) Jeanne de Fayolles en épousant François du Boys, lui apporta
le château de Fayolles en Saussignac. Les du Boys portent: *d'argent à l'aigle au vol abaissé de sable, membrée de gueules.*

(3) Généalogie du Boys (manuscrite) par MM. de Gérard et de
Saint Saud.

(4) Arch. dép. de la Vienne et du chât. de Canteranne.

(5) Arch. du chât. de la Grèze.

(6) Arch. dép. du Lot-et-Garonne. B. 69, f. 1.

sieur de la Ramade, fils de feu Jean Merle, aussi sieur de la Ramade[1] et de Jeanne Bretenesche[2], ou Brethonnesque, elle lui apporta 1.500 livres de dot. Le contrat fut passé en présence des nobles Claude et Louis du Boys, écuyers, sieurs de la Grèze et de Sainte-Croix, de Pierre de Baillet, écuyer, sieur de la Brousse, d'Arnaud de La Bastide, écuyer, sieur de Capdeville, de Jean de Valas, écuyer, sieur de Lamothe, de Guillaume Merle, sieur de Sainctourens, et de Louis Dufeau, sieur de la Rivière. — Jeanne de Bideran était veuve dès 1671, car le 21 juillet de cette année, elle fit un accord avec Louis de Bideran de Cause[3]. Le 23 juillet 1678, elle régla des dettes avec Guillaume Merle, sieur de Saincthourens[4], son beau-frère. Elle décéda peu après laissant entre autres enfants : Marie Merle, née le 4 septembre 1656 à Cahuzac, tenue sur les fonds batpismaux par Louis du Boys, écuyer, sieur de Sainte-Croix, et par Marie de Raymond[5].

6. CLAUDE DE BIDERAN, morte sans alliance[6].

7. HENRYE DE BIDERAN, femme de *Jean Thibaud*, sieur de la Garde[7].

----

(1) Jean Merle, sieur de la Ramade, beau-père de Jeanne de Bideran, était fils d'autre Jean Merle et d'Alix Guérin ; il avait une sœur, Catherine qui épousa en 1625 Antoine de Bideran, seigneur de Cause, comme on le verra plus loin.

(2) Jeanne Bretenesche, était fille d'Arnaud, procureur d'office de Lauzun, qui testa le 16 août 1653 et de Catherine Phelippot (*Arch. de Saint-Sernin*).

(3 et 4) Arch. de Saint-Sernin *ut suprà*.

(5) Reg. par. de Cahuzac.

(6 et 7) Arch. du chât. de Canteranne.

X

1653-1678.

Louis de Bideran, écuyer, seigneur de Saint-Surin.

Il fut d'abord page du duc de La Rochefoucauld, puis capitaine au régiment de Marcillac. Lors de la *Réformation*, il reçut décharge comme noble d'extraction par Pierre du Puy, subdélégué de l'Intendant le 23 novembre 1666 à Agen [1].

Louis de Bideran contracta deux alliances. Il épousa par contrat portant filiation, passé à Cahuzac, devant Pasquet, notaire royal, le 16 novembre 1653, **Marie de Raymond des Champs,** fille de feu François de Raymond, écuyer, sieur des Champs et d'Isabeau de Beaufort. La future, domiciliée au château de Castelnau de Mirandes en Périgord, fut assistée de sa tante, Marie de Raymond des Champs, veuve de noble Gaston de Besco, et de Louis de Raymond, écuyer, sieur du Monteilh, son frère [2]. Le mariage

---

(1) Une copie en forme de cette production existe aux Arch. du chât. de Canteranne, nous la donnons aux *Pièces justific*.

(2) Ce contrat existe *in extenso* aux Archives Nationales, M. 278. Il est mentionné en outre dans le Nouveau d'Hozier, 853 ; dans le vol. 256 n. 22 f. 39 du Cabinet des Titres. — François de Raymond était fils d'Arnaud, écuyer, co-seigneur de Seignac et de Jeanne de Carbonnier. Cette famille fut confirmée dans sa noblesse par arrêt de la Cour des Aides du 1er avril 1637. (*Communication de M. le chanoine Brugière.*)

religieux fut célébré dans la chapelle du château de Cahuzac le 27 novembre suivant [1].

Il ne nous a pas été possible de découvrir
le nom de la seconde femme de Louis de
Bideran, mais dans plusieurs pièces du fonds
Bideran aux archives du château de Canteranne, Marie de Raymond est dite sa première femme.

De son premier mariage, Louis de Bideran
n'eut qu'une fille :

> MARIE DE BIDERAN, baptisée à Cahuzac [2] le 31
> décembre 1656 ; elle eut pour parrain Pierre
> de Bideran, son grand-père, et Marie de Ray-
> mond. Elle épousa, en 1678, son cousin *Louis
> de Bideran de Cause*, fils aîné d'autre Louis
> de Bideran seigneur de Cause et de Louise
> d'Hélias (voir plus loin); par ce mariage, une
> partie des droits seigneuriaux de Saint-Surin,
> passa à la branche de Cause.

X bis

1680-17...

LOUIS DE BIDERAN, écuyer, seigneur de
Saint-Surin, second fils de Pierre et de Louise
du Boys comme il appert de son contrat de
mariage et du Nouveau d'Hozier. L'abbé de
Lespine, copiant en cela le chanoine Leydet,
commet une erreur lorsqu'il le dit fils du pré-

---

(1) Reg. par. de Cahuzac.
(2) Reg. par. de Cahuzac.

cédent; le second mariage de Marguerite de
Galaup a encore compliqué les choses. Ils
lui attribuent quatorze fils.

Louis de Bideran servit avec distinction
dans les armées royales; d'abord enseigne au
régiment de Condé, il fut bientôt nommé
capitaine, et le prince de Condé lui confia le
gouvernement du château de la Barde.[1] On
ignore la date de sa mort, nous savons
seulement qu'il fut tué au service du Roi.
Assisté de son frère aîné Louis, il avait
épousé par contrat du 22 juin 1680, reçu Cantal, notaire royal, **Marguerite de Galaup**[2],
fille de noble Jean de Galaup, écuyer, seigneur de la Mothe et du Bousquet, et de
Jeanne de Courtette de Cambes. Marguerite,
devenue veuve, se remaria avec *Louis de
Bideran de Cause* (voir plus loin).

De ce mariage sont provenus :

---

(1) Le brevet est aux Arch. du chât. de Canteranne.

(2) Nouveau d'Hozier, 853. Cabinet des Titres, 256. Arch. Nat.,
M. 278 où le contrat est *in extenso*. Cette branche agenaise des
Galaup (ancienne famille originaire d'Italie, dont une branche,
dite de Chasteuil en Provence, a donné une série d'écrivains
distingués), portait : *de gueules au coq becqué et membré de sinople posé sur une terrasse d'argent et accosté de deux croissants du
même ; au chef cousu d'azur chargé de trois étoiles d'or.* Ces armes *parlantes* furent enregistrées à Bergerac le 21 février 1698 sous le
nom de Gabriel de Galaup, écuyer, seigneur de la Mothe et du Bousquet. Les lettres de relief de dérogeance, accordées à un autre rameau périgourdin, donnent: *d'or, à l'épervier de sable, tenant en ses
serres une branche d'olivier de sinople, à la bordure componée
d'argent et de sable.* Armes qui rappellent celles d'autres Galaup
d'Agenais et qui ne sont pas parlantes. (*Arch. du chât. de La Valouze.*)

1. LOUIS DE BIDERAN, lieutenant, puis capitaine au régiment de la Marine-Infanterie, tué le 16 août 1705 à la bataille de Cassano (Cassan) en Milanais. Il n'était pas marié[1].

2. JOSEPH DE BIDERAN qui a continué la descendance et dont l'article suit.

3. MARTIAL DE BIDERAN, docteur en théologie, curé de Saint-Gleyrac et de Saint-Etienne-d'Archignac, cure dont il se démit le 25 juin 1726[2]. Il fut curé de Saint-Quentin, dès septembre 1748; à cette époque il assiste au mariage de Louis de Bideran avec Hélène de Canet. En janvier 1754 il est qualifié de même dans le contrat de mariage de son neveu François avec Louise de Salvan[3].

4. MARIE de BIDERAN, légataire de Marie de Burin de Laval en 1734[4].

5. HIPPOLYTE DE BIDERAN, nommée en 1734 dans le testament de Marie de Burin de Laval[5]. En 1753, elle assiste au contrat de mariage de son neveu François de Bideran.

6. N... DE BIDERAN, lieutenant au régiment de la Marine-Infanterie. Il fit avec ses frères les campagnes d'Italie, de Catalogne et du Rhin et périt en Espagne en 1714, à la bataille de Saint-Sébastien, il ne s'était pas marié[6].

7. FRANÇOIS DE BIDERAN, capitaine au régiment de la Marine. Il était né le 30 mars 1695 et eut

(1) Arch. du ministère de la Guerre et du chât. de Canteranne.

(2) Minutes de Tassain, not. à Sarlat. Note de M. Jouanel.

(3) Arch. du chât. de Canteranne.

(4 et 5) Arch. de M. de Bourrousse de Laffore.

(6) Arch. du chât. de Canteranne.

comme parrain le lendemain noble François de
Galaup de La Perche [1].

XI

1688-1754.

JOSEPH DE BIDERAN, écuyer, seigneur de
Saint-Surin et du Bousquet, dit *le chevalier
de Bideran.*

Il naquit à Cahuzac, le 15 juillet 1688, et
fut tenu le lendemain sur les fonts baptismaux
de Castillonnès par Joseph de Galaup, écuyer,
son oncle maternel, et par Anne de Merle,
dame de Puyredon [2]. Entré le 15 mars 1704
en qualité de sous-lieutenant au régiment
de la Vieille-Marine ou Marine-Infanterie [3],
pour lequel les officiers de sa maison semblent
avoir eu une prédilection très marquée, il fut
blessé le 16 août 1705 à la bataille de Cassano
où l'un de ses frères fut tué. L'année suivante, il obtint le grade de lieutenant, et le
17 août 1711, il reçut le brevet de capitaine [4].

Le 13 juin 1718, Lantourne, notaire royal,
recevait son contrat de mariage [5] avec

(1 et 2) Reg. par. de Castillonnès.

(3) Ce régiment fut constitué par Richelieu vers 1627, il est
devenu le 11e de. ligne ; son drapeau ancien était aux 1er et 4e
quartiers verts, aux 2e et 3e bleus, séparés par une croix blanche
(*Intermédiaire des Chercheurs, 30 nov. 1895*).

(4) Arch. administratives du Ministère de la Guerre.

(5) Archives nationales, M. 278. — Cabinet des Titres, 256.

Françoise Taillardat de Coulon, fille de
Mr Me Antoine Taillardat, sieur de Coulon,
conseiller du Roi, maire perpétuel de Castil-
lonnès, et d'Anne de La Bastide. Le mariage
religieux fut béni le lendemain dans l'église
de Castillonnès. L'année suivante (1719),
Joseph donna sa démission de capitaine, il
avait fait les campagnes d'Italie, Dauphiné et
Catalogne, de 1704 à 1712; du Rhin, en 1713;
d'Espagne et de Minorque, de 1714 à 1715 [1].

Françoise de Taillardat, épuisée par ses
nombreuses grossesses, mourut le 10 juillet 1746, et fut ensevelie le lendemain à
Cahuzac [2]; elle avait testé devant Dubois,
notaire royal, le 14 mai précédent, en présence
de messire Etienne de Cours, écuyer, seigneur
de Puyguiraud; de Bernard Philip, sieur de
Laborie; de Michel Lantourne, juge royal
de Castillonnès, et de François Borderie, sieur
de Lagrèze [3]. Joseph de Bideran mourut le
5 mai 1754 et fut inhumé le même jour dans
l'église de Cahuzac [4]. Il laissait :

1. CHARLES DE BIDERAN, écuyer, co-seigneur de
   Saint-Surin, capitaine au régiment de la Marine-
   Infanterie, chevalier de Saint-Louis, né le 20
   juin 1723. (Les Archives du ministère de la
   Guerre disent le 8 juillet). Il est en effet dit aîné

---

(1) Arch. administratives du ministère de la Guerre.

(2 et 4) Reg. par. de Cahuzac.

(3) Arch. des chât. de Tizac et de Canteranne.

dans le testament de sa mère et dans le contrat de mariage de son frère François.

Placé comme lieutenant en 2ᵉ au régiment de la Marine-Infanterie, il fit les campagnes de Bavière et du Rhin, et obtint successivement les grades de lieutenant le 20 février 1742, et de capitaine le 3 décembre 1746.

De 1746 à 1749, il servit en Provence et en Italie. Atteint par la réformation de son régiment en 1749, il fut replacé à la tête d'une compagnie le 1ᵉʳ janvier 1751 [1]. Il prit part avec ce grade à la guerre d'Allemagne de 1757 à 1758, et le 15 juillet de cette dernière année il fut décoré de l'ordre de Saint-Louis. Quelques jours plus tard, sa conduite héroïque à la bataille de Crevel, durant laquelle il reçut un coup de feu à la tête, lui valut une pension prise sur la cassette du Roi. Le 20 mars 1759 il donna sa démission et rentra dans ses foyers [2]. Charles de Bideran avait épousé le 27 octobre 1756, par contrat portant filiation passé à Counis paroisse de Taradel devant Dubois, notaire royal, *Françoise de Vassal*, fille de Jean de Vassal, écuyer, seigneur de Taradel et de Marie de Bertrand ; le futur était assisté de François-Martial, Charles, autre François, Marie et Catherine de Bideran ses frères et sœurs [3].

Françoise de Vassal testa le 10 fructidor an II (28 août 1794) devant Tancougne, notaire, ne laissant pas d'enfants. Charles lui survécut, et se remaria le 16 messidor an IV (4 juillet 1796)

---

(1) Arch. du ministère de la Guerre.

(2) id.   id.   id.   et du chât. de Canteranne.

(3) Grosse aux Arch. du chât. de Canteranne.

avec *Marguerite de Bideran*, sa nièce, fille de son frère François de Bideran de Marcou et de Louise de Salvan. Le contrat fut retenu par Tourelle de Lagarosse, notaire [1].

Charles de Bideran mourut quelques années après n'ayant eu d'enfants d'aucun de ses mariages.

2. FRANÇOIS DE BIDERAN, qui a continué la descendance et dont l'article suit.

3. CATHERINE DE BIDERAN, née et décédée en janvier 1739 [2].

4. Autre CATHERINE DE BIDERAN. Elle épousa religieusement à Cahuzac, le 17 octobre 1754, *Jean-Marc de Baillet*, chevalier, seigneur de Florensac, capitaine au régiment de Normandie, fils de feu messire Vincent de Baillet et de défunte dame Marthe-Thérèse de Laroque ? *aliàs* Losagne [3]. Le contrat avait été passé le 22 septembre précédent [4].

5. FRANÇOIS DE BIDERAN, écuyer. Il se maria en l'église de Castillonnès le 4 avril 1758, avec *Hyacinthe de Gironde* [5], fille de feu Marc de Gironde [6], chevalier, seigneur de Piles, de

---

(1) Grosse aux Arch. du chât. de Canteranne.

(2 et 3) Reg. par. de Cahuzac.

(4) Arch. du chât. de Canteranne.

(5) Reg. par. de Castillonnès. — Les armes des Gironde sont : *d'or, à 3 hirondelles de sable, les deux premières en chef affrontées, la troisième en pointe, le vol éployé fixant les deux autres.* La famille écartelle ordinairement ses armes de celles de Toulouse et les entoure d'un manteau doublé, herminé et frangé (par brevet du roi Charles IX).

(6) Marc de Gironde était fils aîné de Jacques de Gironde de Teyssonat, chevalier, seigneur de Piles et de Jeanne-Marie de Carbonnier, fille elle-même de Jean-Baptiste de Carbonnier et de Gabrielle de Roffignac.

Saint-Quentin, de Valette et de La Mothe-Gué-
rie, et de Paule de Luc [1]; Hyacinthe était
sœur de Marc, marié en 1745 à Jeanne-Paule
de Luc; de Jean-François, mort en 1757; de
Claire, morte avant 1737; et de Marie-Thérèse
de Gironde alliée à Jean de Mélet. Hyacinthe
de Gironde était veuve de François de Carbonnier, chevalier, seigneur de Marzac, qu'elle
avait épousé le 3 mars 1746 [2].

Le contrat de mariage, reçu Dubois, notaire
royal, fut passé le 1er mars précédent, en
présence de noble Pierre Lantourne, gendarme
de la garde ordinaire du roi, d'Etienne du Rieu
de Maisonneuve, docteur en médecine, etc. [3].

De ce mariage provint une fille unique :

JEANNE DE BIDERAN, unie clandestinement
sous la Terreur devant un prêtre inser-
menté au commencement de 1793 à
François de Lard de Régoullières, chevalier, fils de Charles et de Marie de Beynes
de Raisac. De ce mariage provinrent deux
fils, François, mort en 1818 sans alliance,
et Charles, dit le marquis de Lard, garde
du corps de Louis XVIII, marié en 1821 à
Marie-Zélie de Béraud, dont l'unique fils
Charles-Jean-Odilon-Béraud, marquis
de Lard de Régoullières, vit encore de
nos jours, n'ayant qu'un fils, Arnaud,

(1) Paule de Luc mariée par contrat du 26 mars 1722 à Marc de
Gironde, était fille de Claude, comte de Luc, seigneur de Mont-
légier, et de Paule-Diane Le Bigot de Saint-Quentin, comtesse de
Plassac.

(2) Note du vicomte L. de Gironde.

(3) Grosse aux Arch. de Canteranne.

marié le 10 octobre 1894 à Jeanne Grossin
de Bouville, et une fille Mlle Madeleine
de Lard [1].

6. LOUIS DE BIDERAN, écuyer, né le 1er janvier 1727
à Castillonnès. Enseigne le 28 mars 1749, puis
lieutenant au régiment de la Marine-Infanterie
le 12 mars 1752, il démissionna le 15 août 1755,
après avoir fait les campagnes de Provence et
d'Italie [2].

7. MARTIAL DE BIDERAN, dit *le chevalier de Saint-
Surin*. Né le 17 février 1728, il fut présent au
contrat de mariage de ses frères François et
Charles. Après de brillants états de service au
régiment de la Marine, il parvint au grade de
capitaine [3]; il ne paraît pas s'être marié.

8. CHARLES-FRANÇOIS DE BIDERAN, écuyer, né à Castillonnès, le 28 septembre 1734, fut officier comme
tous ses parents au régiment de la Marine-Infanterie. Lieutenant le 7 septembre 1758, il servit en
Allemagne jusqu'en 1759 ; capitaine commandant le 13 juillet 1775, il fut replacé à la refor-
mation du 11 juin 1776 dans le grade de capitaine en second ; le 31 mai 1783 il obtint son
brevet de capitaine commandant.

Il décéda avec ce grade, le 10 juillet 1790, sans

---

(1) Renseignement de la famille de Lard, d'après ses Archives
du chât. de Tizac.

(2) Arch. du ministère de la Guerre.

(3) Arch. du ministère de la Guerre, et du chât. de Canteranne. — Plusieurs détails des services militaires des Bideran
de cette génération et de la précédente sont venus à notre
connaissance par la supplique adressée par François de Bideran
de Marcou au duc de Choiseul, premier ministre, en vue
d'obtenir pour ses fils l'entrée de l'Ecole militaire, dont le
brouillon est aux Archives de Canteranne.

avoir contracté d'alliance ; les brillantes campagnes qu'il avait faites en Allemagne et en Corse, lui avaient valu la croix de Saint-Louis, en juillet 1781 [1].

9. MARTIAL-CHARLES DE BIDERAN, né à Castillonnès le 22 juin 1730. Nommé lieutenant au régiment de la Marine-Infanterie le 1er mars 1756, il servit avec ce grade en Allemagne jusqu'en 1758 ; un certificat signé du prince de Condé, constate en 1764, que c'était un très brillant officier; promu capitaine le 20 mars 1759 à la suite de la campagne d'Allemagne, il fut replacé lieutenant à l'organisation du 10 mars 1763, l'année suivante on lui redonna une compagnie qu'il commanda en Corse en 1769.

De 1775 à 1783, il prit part à la guerre d'Amérique. Un certificat signé du chevalier de Galaup, du comte de Rabodanges, de MM. de Galaup, H. d'Abzac d'Attel, et de Bideran-Saint-Surin, relate qu'il fut aux prises de la Dominique, Tobago, Saint-Christophe, Saint-Eustache, etc., et qu'il servit pendant toute cette campagne avec beaucoup de distinction. Il était alors capitaine au régiment d'Auxerrois-Infanterie par brevet du 11 juin 1776, et avait été fait chevalier de Saint-Louis le 27 octobre 1778. Le Roi, lui accorda en outre une pension de 500 livres, et le 25 juillet 1791, il reçut le brevet de lieutenant-colonel au 14e régiment d'infanterie en remplacement de M. de Chaminot promu maréchal de camp.

Martial-Charles de Bideran mourut à Aire en

(1) Arch. du ministère de la Guerre, et du chât. de Canteranne.

1792, après quarante années de service, sans avoir contracté d'alliance; Dumouriez, quelques mois auparavant (22 août 1792), l'avait nommé colonel à l'armée du Nord [1].

10. MARIE DE BIDERAN, demoiselle de Saint-Surin, légataire de sa mère, fut présente aux mariages de ses frères; elle testa le 7 floréal an XIII, devant Lagarrigue, notaire. Ce testament fut enregistré le 21 mai 1806, elle y instituait Charles de Baillet de La Prunerie, son neveu, héritier universel [2].

11. Autre CHARLES DE BIDERAN, écuyer, sieur de Chaubel, présent aux mariages de ses frères Charles et François. L'acte de décès d'un « Charles Bousquet-Bideran », décédé à Castillonnès le 20 septembre 1792, âgé de 56 ans (il était donc né en 1736), semble devoir le concerner [3]. On croit qu'il fut officier, qu'il s'est marié et n'eut pas de fils.

12. MICHEL DE BIDERAN, connu seulement par le testament de Marie de Burin, femme de messire Gabriel de Galaup, sieur du Bousquet en 1734 [4].

13. Probablement HIPPOLYTE DE BIDERAN, né en 1725 [5].

14. Peut-être PAUL DE BIDERAN, né en 1732 [6].

(1) Arch. du chât. de Canteranne, et du minist. de la Guerre.

(2) Nobiliaire de Guyenne, IV, 423.

(3) Reg. par. de Castillonnès.

(4) Nobiliaire de Guyenne, IV, 423, d'après les Arch. Bourrousse de Laffore.

(5 et 6) Reg. par. de Castillonnès; répertoire.

XII

1724-1786.

FRANÇOIS DE BIDERAN, écuyer, seigneur de Marcou.

Né le 24 août 1724 à Castillonnès et baptisé le même jour, il embrassa, lui aussi, la carrière des armes. Nommé, par brevet du 19 novembre 1742, lieutenant en second au régiment de la Marine-Infanterie, il servit brillamment en Bohème et en Bavière, fit en 1744 la campagne du Rhin qui lui valut, le 20 octobre, d'être promu lieutenant en premier. Il prit une part active, de 1746 à 1748, aux expéditions de Provence et d'Italie [1].

Le 10 décembre 1753, par contrat reçu Dubois, notaire royal à Castillonnès, il s'allia à **Louise de Salvan de Saint Marc** [2], fille de feu Pierre de Salvan de Saint-Marc et de Jeanne de Chalvet; le mariage religieux fut célébré le 22 janvier 1754 [3].

François de Bideran, peu après cette union, donna sa démission d'officier qui fut acceptée le 15 août 1755 [4]. Il décéda à Castillonnès le 7 août 1786 [5], ayant eu :

---

(1) Arch. du ministère de la Guerre.

(2) Cabinet des Titres, 256, et Nouveau d'Hozier, 853. — Arch. Nat. M. 278. — Les Salvan de Saint-Marc portaient : *De gueules à la bande d'argent accompagnée de six besans d'or*. Ces armes scellent le testament d'un Salvan de Saint-Marc au XVIIIe siècle (*Minutes des notaires de Castillonnès*).

(3 et 5) Reg. par. de Castillonnès.

(4) Arch. du ministère de la Guerre.

1. JOSEPH DE BIDERAN, écuyer, né et baptisé le 11 juin 1755, mort jeune.

2. MARIE-CLAIRE DE BIDERAN, née le 12 août 1756, baptisée à Castillonnès le même jour. Elle eut pour parrain François de Salvan son grand-oncle maternel, qui la fit plus tard héritière, et pour marraine Marie de Bideran de Saint-Surin. Elle n'existait plus en 1820, et ne s'était pas mariée.

3. MADELEINE DE BIDERAN, née en 1759, religieuse de l'Ordre de Fontevrault à Fontgrave, près de Villeneuve-d'Agen. Elle décéda à Castillonnès le 7 février 1839. Par son testament, en date du 10 septembre 1831 (enregistré à Castillonnès le 6 mai 1839), elle instituait pour héritier universel, Charles de Bideran, de la Grèze [1].

4. MARGUERITE DE BIDERAN. Née à Castillonnès le 9 février 1761, elle fut tenue sur les fonts baptismaux, le lendemain, par Joseph de Bideran de Saint-Surin et par Marguerite Cantol de Labrousse. Elle épousa : 1° en juillet 1796 son oncle *Charles de Bideran*, (voir ci-dessus page 67); 2° le 25 pluviôse an XI, son cousin-germain, *Charles-Martial de Baillet de La Prunerie*, chevalier de Saint-Louis, fils de Marc de Baillet, chevalier seigneur de Florensac et de Catherine de Bideran [2]. Par testament du 1er juin 1820, elle légua 2.000 livres à l'hôpital de Castillonnès, différentes sommes à ses sœurs Françoise, Marie et Madeleine puis institua pour son héritier universel Charles de Bi-

(1) Minutes notariales de Castillonnès.
(2) Etat-civil de Castillonnès.

deran[1]. Elle mourut à Castillonnès, le juin 1839[2].

5. CHARLES-FRANÇOIS DE BIDERAN qui suit.

6. ETIENNE DE BIDERAN, écuyer, né[3] à Castillonnès le 26 septembre 1763. Baptisé le lendemain, Etienne de Chalvet fut son parrain et Marie de Grelot, sa marraine. Le 24 octobre 1772, il fit ses preuves de noblesse, devant le juge d'Armes de France, pour être admis à l'Ecole militaire ; il en sortit le 20 mars 1779 en qualité de *cadet-gentilhomme* dans la compagnie de l'Ecole militaire de Paris et fut nommé sous-lieutenant au régiment de Piémont-Infanterie le 1er juillet 1785. Promu lieutenant le 30 août 1789[4], il mourut à Besançon deux mois après sans avoir contracté d'alliance.

7. CATHERINE-FRANÇOISE DE BIDERAN, demoiselle de Saint-Surin, dite en famille *Saint Surine*. En 1794, elle fut instituée légataire par Françoise de Vassal, femme de Charles de Bideran. Elle décéda sans alliance.

8. MARGUERITE-MARIE DE BIDERAN, dite *Bironne* en famille, née le 17 février 1768, fut présentée au baptême, le lendemain à Castillonnès, par Jean-Marc de Baillet, capitaine au régiment de Normandie, et par Marguerite de Bideran de Belonde. Elle fit ses preuves de noblesse, le 10 novembre 1775 pour être admise à Saint-Cyr[5], et mourut après 1820 à Castillonnès sans avoir été mariée.

---

(1) Arch. de la famille de Lard, au château de Tizac.

(2 et 3) Reg. par. de Castillonnès.

(4) Arch. du ministère de la Guerre.

(5) Nouveau d'Hozier, f. 14.

XIII

1762-1795.

CHARLES-FRANÇOIS DE BIDERAN, écuyer, sieur de Marcou.

Il naquit à Castillonnès, le 6 août 1762[1]. Après avoir fait des preuves de noblesse pour être admis à l'Ecole militaire, il servit d'abord comme *cadet-gentilhomme* (brevet du 6 mars 1778), au régiment d'Auxerrois où commandait son oncle, Martial-Charles de Bideran. Le 21 janvier 1778, il fut promu sous-lieutenant au même régiment, servit à la Martinique jusqu'en 1783, obtint le 1er août 1782, le grade de lieutenant en 2e, et passa lieutenant en 1er le 12 février 1785[2]. Sa carrière promettait d'être brillante, mais ne voulant pas servir la Révolution, qu'il désapprouvait, il brisa son épée et démissionna le 1er avril 1791. Peu de temps après il émigra, prit du service dans l'armée des Princes, et fut de la malheureuse expédition de Quiberon, en 1795. Pendant cette fatale journée, plusieurs émigrés qui avaient essayé de rejoindre les barques anglaises, durent revenir à terre parceque, trop surchargées, elles ne pouvaient recueillir tout le monde. Beaucoup de ces malheureux n'ayant plus de force se

---

(1) Reg. par. de Castillonnès.

(2) Arch. du ministère de la Guerre.

noyaient. M. de Bideran, excellent nageur, en avait déjà ramené huit à terre. Il revenait pour la neuvième fois, mais, à bout de forces et passant près d'une embarcation anglaise, il appuya sa main sur le bordage pour se reposer; un matelot, croyant qu'il voulait monter, la trancha d'un coup de hache, instinctivement il appuya l'autre main qui fut à l'instant coupée. Il lui resta cependant assez de force pour revenir sur le rivage. On ne sait s'il y mourut de sa cruelle amputation, ou si, fait prisonnier par les troupes du général Hoche, il fut fusillé avec la plupart de ses compagnons d'armes. Son nom est gravé sur le magnifique tombeau que la Restauration a fait élever en 1824 à la mémoire des héros de Quiberon, dans la prairie même où eut lieu l'exécution [1].

(1) Nous devons à l'obligeance de Mademoiselle M. de Lard, les détails concernant la courageuse fin de M. de Bideran; ce souvenir a été pieusement conservé par la famille,

TROISIÈME BRANCHE.

SEIGNEURS

DE CAUSE.

(PÉRIGORD)

1525. — *Existe actuellement*.

VI

1525-1578.

JEAN DE BIDERAN, écuyer, seigneur de Cause ou du Causé, deuxième fils de Jean, seigneur de Saint-Surin et de Jeanne des Martres (voir p. 50), est l'auteur de la branche de Cause encore représentée de nos jours.

Né vers 1525, il servit en qualité d'homme d'armes dans la compagnie du seigneur du Lude. Il épousa : 1° par contrat du 9 mai 1549 **Jèanne de Chants**, dame de compagnie d'Isabeau de Ségur, dame de Génissac ; le contrat fut passé à Génissac par Jean Sérelier, notaire royal, en présence d'Alain de Bideran, écuyer, seigneur de la Mongie, son cousin[1] ; 2° en secondes noces, par contrat reçu Valée, notaire royal, le 17 décembre 1562, **Annè de (Touchebœuf) de Beaumond**, fille de feu noble Jacques de (Touchebœuf) Beaumond,

---

(1) Carrés de d'Hozier, f. 83.

écuyer, seigneur du Piquet (mort en 1544
d'un « coup de trait reçu à la procession de la
Fête-Dieu, à Doudrac ») et d'Antoinette de
Loubreyrie [1]. Ce dernier contrat fut rédigé en
présence de Louis de Bideran de Saint-Surin,
de François de Montgueiral, écuyer, seigneur
dudit lieu, et de Jean Le Bigot, aussi écuyer,
seigneur de Saint-Quentin [2].

Jean de Bideran testa devant Etienne
Cordier, notaire à Sarlat, le 26 novembre
1578. Dans ce testament il parle d'un fils
posthume dont est grosse Anne de Beaumond,
sa seconde femme. Celle-ci ayant accouché
d'un fils, qu'on appela Antoine, Jean fit un

---

(1) Anne de Beaumond, appartenait à l'ancienne maison chevaleresque de Touchebœuf connue en Quercy et en Périgord dès le
XIme siècle. Bernard de Touchebœuf, damoiseau, seigneur de
La Roche, eut plusieurs enfants de son mariage contracté en 1380
avec Galienne de Beaumond : l'aîné, Pierre, continua la postérité (branche de Clermont), le second, Jean, héritier du nom et
des biens de sa mère, fut auteur de la branche de Beaumond. Ses
descendants cessèrent de porter leur nom patronymique de
Touchebœuf durant plusieurs siècles ; ils ne l'ont repris que vers
le milieu du XVIIme siècle, après production de titres. Anne de
Beaumond appartenait au rameau du Piquet éteint en 1627 et issu
de la branche de Beaumond qui portait comme cadette : *d'azur,
au lion léopardé d'or, lampassé et armé de gueules, en chef, et une
vache d'argent accornée, colletée et clarinée d'azur, en pointe,
sommée de trois épis d'or rangés.* La branche aînée dite de
Clermont portait : *d'azur, à deux bœufs passants d'or. (Saint-
Allais, généalogie Touchebœuf.)*

(2) Carrés de d'Hozier, f. 73. — Cabinet des Titres, 279, f. 71.
— La Maintenue de noblesse de 1667 donne pour date de ce
mariage le 17 décembre 1565; le Nouveau d'Hozier, 853, f. 21,
donne pour date le 17 octobre 1562, mais une copie aux Arch. du
chât. de Canteranne donne, comme les Carrés, le 17 décembre
1562.

codicille en sa faveur le 9 avril 1585, devant Moret, notaire royal [1].

Du premier lit, sont provenus :

1. LOUIS DE BIDERAN, écuyer, sieur de Veyrines. Il assista au contrat de mariage de son frère Antoine en 1625 [2] : sa destinée est inconnue, mais il est à présumer qu'il mourut sans postérité.

2. LOUISE DE BIDERAN. Elle fut mariée à *Jean-François de La Salle*, écuyer, seigneur de Péchauld (en la juridiction d'Issigeac), lequel donna quittance à son beau-père, de la somme de 200 livres tournois, le 5 juin 1567 [3].

Du deuxième lit naquirent :

3. JEANNE DE BIDERAN, nommée dans le testament de son père ; elle épousa *Jean Merle*, sieur de la Ramade, fils de Jean Merle et d'Alix Guérin, et frère de Catherine, mariée à Antoine de Bideran. C'est ce Jean Merle, ou un de ses frères prénommés Jean, qui se remaria avec Jeanne Bretenesche. (Voir ci-dessus, p. 59).

4. CATHERINE DE BIDERAN, nommée dans le testament de son père.

5. ISABEAU DE BIDERAN, nommée comme ses sœurs dans le testament de Jean, son père.

6. ANTOINE DE BIDERAN, qui suit.

---

(1) Production D. pour la Maintenue de 1666.

(2) Carrés de d'Hozier, f. 76-77.

(3) Il est possible que ce soit une mauvaise lecture et qu'il faille lire Jean-François de Cladech, écuyer, seigneur de Péchauld. *(Note du vicomte de Gérard).*

7. JEAN DE BIDERAN, dont on ignore la destinée.
8. MARIE DE BIDERAN. Un ancien mémoire de famille, mais très douteux, la place à ce degré ; il la dit femme de *Pierre Pasquet*, juge de Cahuzac. Elle n'est cependant pas nommée dans le testament de son père.

VII

1579-1652.

ANTOINE DE BIDERAN, écuyer, seigneur de Cause.

Il naquit fin de 1578 ou au commencement de 1579, puisque sa mère était enceinte de lui en novembre 1578.

Il se maria trois fois : 1° par contrat reçu par Lagrille, notaire royal, le 25 avril 1603 [1], avec **Jeanne de Fayolles**, probablement fille de Jean de Fayolles, écuyer, seigneur de Puyredon, et de Jeanne de La Chassaigne ; 2° par contrat du 22 octobre 1617, passé à Saint-Surin devant Pasquet, notaire royal, avec sa cousine **Marie de Bideran** fille de noble Geoffroy, seigneur de Saint-Surin, et de Louise Legrand (voir ci-dessus page 56). Les articles avaient été signés le 21 septembre précédent en présence de François du Boys, écuyer, sieur de la Grèze, et de Louis de Bideran,

---

(1) Arch. du chât. de la Grèze. — Les Arch. de Canteranne, et un jugement de l'Election de Périgueux donnent diverses dates à ce mariage : 26 octobre et 20 décembre 1602.

écuyer, sieur de Lavergne[1] ; 3° avec **Catherine Merle de La Ramade,** veuve de Bertrand Martin, fille de Jean Merle et d'Alix Guérin, et sœur de Jean Merle, marié à sa belle-sœur Jeanne de Bideran. Ce dernier contrat fut passé le 26 mai 1625 en présence de Jean et autre Jean Merle, frères, sieurs de la Ramade et de la Rouzière ou Rousiers, de Pierre Borie, juge de Bridoire, de Jean de Beaumont, écuyer, sieur de Chaumont, et de noble François de Beaumont, cousins de la future, et reçu par Martin, notaire à Falgueyrat[2].

Par arrêt de la Cour des Aides de Guyenne, Antoine de Bideran fut déclaré noble d'extraction le 4 octobre 1635[3]. Il fit avec sa femme un testament mutuel le 7 septembre 1652 devant A. Bourilhon (*aliàs* Boucilhou), notaire royal[4], et mourut peu de jours après, car Catherine Merle se dit veuve dans un nouveau testament qu'elle fit le 30 novembre suivant, où sont nommés Guillaume et Henriot Martin, enfants de son premier mariage[5]. Du premier lit Antoine de Bideran eut :

---

(1) Grosse aux Arch. du chât. de Canteranne.

(2) Bibl. nat. Cabinet des Titres, 279, f. 71. — Le dossier aux Arch. dép. de la Vienne donne aux Merle de La Ramade : *D'azur à la bande d'or, chargée de 3 merles de sable.*

(3) Arch. dép. de la Gironde, Cour des Aides, 1er registre des Edits royaux, f. 67.

(4) Carrés de d'Hozier, f. 79.

(5) Arch. du chât. de Canteranne.

1. LOUISE DE BIDERAN, mariée à *Jehan Philipot*[1], dit *le vieux*, bourgeois. Elle mourut à Castillonnès le 7 mars 1648 et fut ensevelie dans l'église[2]. Elle avait eu : Antoine, Arnaud, Jean, Judith, et Pierre qui fut baptisé, à Castillonnès le 26 octobre 1642, lendemain de sa naissance[3].

2. ANNE DE BIDERAN. Elle épousa par contrat portant filiation du..... 1626, passé au repaire noble del Drothel, en Saint-Aubin-de-Cahuzac, devant Brunet, notaire royal, *Isaac de Brayac*, sieur del Meÿrou, de Villeréal, assisté de Jean Brayac, avocat, son frère[4].

Du deuxième lit provinrent :

3. LOUISE DE BIDERAN, veuve dès 1652 du sieur *de Lacamp*, d'après le testament de son père. Le mémoire déjà cité, la dit femme de *Jean de Bouilhaguet*, sieur de Campagne. Le 26 octobre 1642, elle assiste en qualité de marraine, au baptême de son neveu Pierre Philipot.

Du troisième lit :

4. LOUIS DE BIDERAN qui continue la filiation.

5. JEAN DE BIDERAN, auteur de la *branche de Fontenelle*, qui suivra après celle de Canteranne.

6. CATHERINE DE BIDERAN, appelée aussi MARIE dans le mémoire des Archives de Canteranne. Elle y est dite femme de *Gaston de Besco*, sieur de Servelaure.

(1-2-3) Reg. parois. de Castillonnès.

(5) Copie en forme de grosse aux Arch. de Canteranne.

VIII

1627-1694.

Louis de Bideran, écuyer, sieur de Cause.

Il naquit en 1627[1]. Il eut conjointement avec sa famille à soutenir un long procès que Jean Chassaing, sieur de Bardouly et Isabeau, sa fille, lui suscitèrent en 1656[2]. Les querelles intestines n'étaient point rares à cette époque ; nées dans notre région lors des tristes guerres de Religion, entretenues par la Fronde, elles ne se terminaient souvent que par mort d'homme.

Jean Chassaing, sieur de Bardouly et sa fille Isabeau, veuve de Marc-Antoine du Boys, écuyer, sieur de la Grèze, avaient requis la cour des Aides de Guyenne de condamner Louis de Bideran, sieur de Cause, Pierre Brousse, sieur de Laborie, Jean Merle, sieur de la Peyrugue, Louise de Bideran, mère et héritière de feu Pierre d'Hélias, dit La Rouzie, et leurs métayers, à payer et rembourser à Isabeau Chassaing les sommes que celle-ci avait été obligée de donner à des hommes de guerre, notamment au sieur de La Roche, écuyer, sieur de Chantegri, capitaine au régiment de Saint-Simon, que les dits « de Bideran et consorts », de leur autorité

---

(1) Reg. par. de Cahuzac.

(2) Arch. dép. de la Gironde ; B, Minutes de la Cour des Aides.

privée, avaient logés dans la maison de Bardouly, malgré son exemption de loger les gens de guerre. Jean et Isabeau Chassaing se plaignaient en outre, de concert avec Hélie Mérine, notaire royal, « d'excès, coups et violences » exercés sur eux. Le 20 septembre 1656, la Cour des Aides rendit un arrêt, ordonnant que Louise de Bideran, Jeanne d'Hélias, sa fille, le sieur de Saint-Surin, fils du sieur de Saint-Surin (*sic*) et le sieur Baillet, fils aîné de Pierre Baillet, lui seraient amenés, « sous bonne garde », pour comparoir devant elle et répondre des faits dont ils étaient accusés [1].

Nous avions toujours été frappés du peu d'intimité qui semblait avoir existé entre les Bideran de Lamongie et les autres branches de leur famille, qui, issues de la même souche, et habitant la même contrée, auraient dû avoir avec eux de nombreux rapports. Le procès intenté par les Chassaing nous en donne l'explication : en effet, les Bideran de Lamongie, à cause de la religion protestante qu'ils professaient encore, avaient déjà dû se séparer de leurs cousins de Saint-Surin et de Cause, revenus depuis longtemps au catholicisme ; ils prirent certainement, si même ils n'avaient pas provoqué le conflit, fait et cause pour les Chassaing, fervents

---

(1) Cour des Aides, *ut suprà*.

huguenots comme eux, et auxquels ils étaient unis par une étroite parenté. Gédéon de Bideran de Lamongie avait en effet quelques années auparavant épousé Henrye de Chassaing, sœur d'Isabeau et fille par conséquent de Jean Chassaing, sieur de Bardouly, dont il est question dans la querelle.

Nous ignorons quelle fut l'issue de ce violent procès, il est à présumer cependant que Jean Chassaing n'eut pas gain de cause et que son ressentiment s'en accrut, car, dix ans plus tard, nous le voyons s'opposer par pure malice à la vérification des titres de noblesse des Bideran de Cause. Malgré cette opposition, Louis de Bideran de Cause et son frère Jean, n'en furent pas moins, sur la production de leurs titres, *maintenus* dans leur noblesse de race et d'extraction, par jugement souverain de l'Intendant Pellot, rendu à Agen, le 29 janvier 1667 [1].

Alors qu'il était mineur et au service du Roi, Louis de Bideran avait promis mariage à une fille nommée Louise Aubinet; celle-ci, en ayant eu un enfant, obtint le 18 novembre 1647, une sentence du juge de Cahuzac, confirmée par arrêt du Parlement de Bordeaux, du 9 mai 1648, qui condamnait ledit Louis, à l'épouser « *autrement a faute de ce faire, de souffrir mort* ». Par une transaction

---

(1) Carrés de d'Hozier, f. 81. — Arch. dép. de la Gironde C, 3339.

du 21 juin 1653, devant Bourilhon, notaire, Louise Aubinet, renonça à ses prétentions matrimoniales moyennant 900 livres d'indemnité, et l'obligation pour Louis de Bideran, d'élever comme enfant naturelle, dans la maison de Cause, la fille née de leur union passagère [1].

L'année suivante, Louis de Bideran épousa au Rouzier, paroisse de Saint-Aubin-de-Cahuzac, **Louise d'Hélias**, fille de Jean d'Hélias, sieur du Rouzier et de Louise de Bideran ; ce contrat, retenu par Moret notaire royal, fut passé en présence de Pierre d'Hélias, sieur du Rozier ou Rouzier, frère de la future, le 18 avril 1654 [2].

Décédé au Cause, âgé de 67 ans, le 2 juin 1695, Louis de Bideran fut inhumé le lendemain dans l'église de Cahuzac en présence de messire Louis de Brayac, écuyer, sieur de Comberoche [3]. Ses enfants furent :

1. Louis de Bideran qui suit.
2. Martial de Bideran, officier aux armées du Roi dès 1691 [4].
3. Marie de Bideran, marraine de sa sœur Marie.
4. Autre Marie de Bideran, née à Cahuzac le 20 février 1671.
5. Marthe de Bideran, bâtarde, nommée au testa-

---

(1) Renseignement du baron de La Nauze.

(2 et 4) Cabinet des Titres, preuves des Pages de la Grande-Écurie, 279, f. 71.

(3) Reg. parois. de Cahuzac.

ment de son père ; c'est d'elle sans doute qu'il est parlé dans la transaction ci-dessus relatée.

IX

1662-1697.

Louis de Bideran, écuyer, sieur de Cause, puis co-seigneur de Saint-Surin par sa première femme.

Né vers 1662, nous le voyons, en 1677, page du prince de Condé[1]. Lors de la seconde *Réformation* il obtint décharge de Bazin de Bezons, le 21 août 1697, sur le vu de ses titres de noblesse[2].

Le 1er juin 1678, il épousa religieusement sa cousine **Marie de Bideran** (voir p. 61), fille unique de Louis, seigneur de Saint-Surin, et de sa première femme, Marie de Raymond des Champs[3] ; le contrat remontait au 1er septembre précédent et avait été reçu par Cantal, notaire royal[4].

Louis de Bideran, ainsi qu'il résulte de plusieurs actes conservés dans le chartrier de Canteranne, contracta un deuxième mariage avec **Marguerite de Galaup,** veuve de Louis de Bideran de Saint-Surin, oncle de Marie de Bideran, la première femme du dit Louis sieur

---

(1) Cabinet des Titres, 279, *ut suprà.*

(2-4) Carrés de d'Hozier.

(3) Reg. parois. de Cahuzac.

du Cause (voir ci-dessus p. 62). La bulle accordant dispense pour cette union fut donnée « sous l'anneau du pêcheur » par Innocent XI, en août 1688[1]. Cette double union de Marguerite de Galaup induirait en erreur si on n'y faisait attention.

Du premier mariage naquirent :

1. LOUIS DE BIDERAN qui suit.
2. MARIE DE BIDERAN, née et baptisée le 11 février 1679 ; elle eut pour parrain noble Louis de Bideran, sieur de Cause, son grand-père, et pour marraine dame Marie de Raymond, sa grand'mère [2].
3. LOUISE DE BIDERAN, épouse de *Martial Grenier*, sieur de Champagne [3].
4. JEANNE DE BIDERAN.
5. ANNE DE BIDERAN.

Du deuxième mariage sont provenus :

6. MARTIAL DE BIDERAN, écuyer, seigneur de Belonde, lieutenant au régiment de la Marine-Infanterie qui d'une femme inconnue laissa probablement :

   A. LOUIS DE BIDERAN, écuyer, seigneur de Belonde, habitant les Champs, paroisse de Saint-Grégoire, juridiction de Cahuzac. Il fit donation de tous ses biens estimés 8.000 livres, le 11 janvier 1760, à ses trois

(1) Original aux Arch. de Canteranne.
(2) Reg. par. de Cahuzac.
(3) Carrés de d'Hozier.

sœurs[1], ce qui semble prouver qu'il n'avait pas d'enfants. En 1718, il avait assisté au contrat de mariage de son oncle *maternel*, Joseph de Bideran, le demi-frère de son père [2].

B. MARIE DE BIDERAN. Peut être est-elle la même qu'une Marie de Bideran veuve, dès 1774, d'*Henry de Persy*, écuyer, sieur de Cambes [3].

C. MARGUERITE DE BIDERAN, qui fut marraine, le 17 février 1768, de Marguerite de Bideran, fille de François, écuyer, seigneur de Saint-Surin, et de Louise de Salvan [4].

D. Autre MARIE DE BIDERAN.

7. MARIE DE BIDERAN. Majeure en 1726, elle est dite dans un acte de cette année fille de Louis, seigneur de Cause, et de Marguerite de Galaup, sœur de Martial de Bideran (ci-dessus), et sœur utérine de Joseph de Bideran. (En effet, Joseph était fils du premier mariage de sa mère, Marguerite de Galaup).

X

1683-1753.

LOUIS DE BIDERAN, écuyer, seigneur de Cause et co-seigneur de Saint-Surin.

Baptisé le 16 juillet 1683 à Cahuzac, il

---

(1) Arch. départ. du Lot-et-Garonne, B, 177, f. 4.

(2) Arch. nationales, M, 278.

(3) Arch. départ. du Lot-et-Garonne, B, 192,

(4) Reg. paroiss. de Castillonnès,

entra en avril 1701 au régiment de la Marine-Infanterie, avec le grade de sous-lieutenant; l'année suivante, il servit en Italie, obtint en septembre 1705, le grade de capitaine, et démissionna le 1ᵉʳ août 1711 après avoir fait la campagne du Dauphiné [1].

Par contrat passé au lieu des Bassets, en la juridiction de Cahuzac, et retenu par Lantourne notaire royal, le 16 juin 1714 [2], Louis de Bideran épousa **Hippolyte Pol de Malbastit**, née à Cahuzac le 2 août 1679 [3], fille de feu Louis Pol, sieur de Malbastit et de Marie de Garoste. Signèrent au contrat : Pierre Pol, sieur de Saint-Pol, Guillaume Pol, sieur du Rival, frères de la future, Marie Marès, épouse de Mʳ du Rival, Marie et Marguerite Pol, sœurs d'Hippolyte, dont la dot fut de 4,000 livres.

Louis de Bideran décéda en 1753. Sa veuve mourut à Castillonnès le 23 février 1768, son corps fut transporté à Cahuzac le lendemain, et enseveli dans l'église au tombeau de son mari [4]. Leurs enfants sont :

1. Hippolyte de Bideran, née en 1715, décédée, sans avoir été mariée, le 5 mai 1774 à Castillonnès ; elle fut enterrée dans l'église [5].

2. Marc de Bideran, qui continue la postérité.

---

(1) Arch. du ministère de la Guerre.
(2) Cabinet des Titres, *ut suprà*.
(3) Reg. parois. de Cahuzac.
(4) Reg. parois. de Castillonnès.
(5) id.   id.   id.

3. MARGUERITE DE BIDERAN, alliée, le 6 mars 1753, à messire *François-Martial de Brayac*, chevalier de Saint-Louis, capitaine au régiment de la Marine, habitant à Cahuzac, fils de feu noble Jean de Brayac, écuyer, sieur de Mothes et de Marie Pasquet. Noble Louis de Bideran, père, noble Joseph du Rival, messire Louis de Brayac, sieur du Crouzel, prêtre et docteur en théologie, ancien curé de Doudrac, oncle de l'époux, et messire Jean-Pierre de Guérin, sieur de la Chèze, assistèrent à ce mariage [1].

XI

1716-1773.

MARC DE BIDERAN, écuyer, seigneur de Cause et co-seigneur de Saint-Surin, dit par courtoisie *le marquis de Bideran* [2]

Né à Castillonnès le 7 février 1716, il fut tenu le lendemain sur les fonts baptismaux par noble Marc de Gironde et Marie de Garoste .de Malbastit [3]. Le 22 février 1730, il fut reçu page de la Grande-Écurie, après

---

(1) Reg. parois. de Cahuzac.

(2) Lorsqu'un gentilhomme après avoir fait ses preuves de noblesse, était présenté à la cour, il était d'usage au XVIIIe siècle qu'il prit, s'il n'en possédait déjà, un titre quelconque, ceux de baron et vicomte exceptés. Ces titres qui n'étaient nullement conférés, mais seulement tolérés, ont continué le plus souvent d'être portés par les familles, On les nommait *titres de courtoisie*, ils sont à juste titre regardés comme fort honorables; on désigne de même ceux pris dans les relations mondaines; tel est le cas présent.

(3) Reg. parois. de Castillonnès.

vérification par d'Hozier de ses titres de noblesse remontant à Jean de Bideran son cinquième aïeul[1]. Nommé le 4 décembre 1733 lieutenant au régiment de la Marine-Infanterie, il fit dans ce grade les campagnes du Rhin et de Bavière, servit brillamment en Bohème (1733-1741), fut promu capitaine le 15 mars 1742, et fit de 1746 à 1748 la campagne d'Italie ce qui lui valut la croix de Saint-Louis, par brevet du 11 juin 1748. Marc de Bideran se retira du service avec une pension de 400 livres, le 29 novembre 1756[2].

Il s'était uni, par contrat du 19 mars 1751, à **Clémence de Persy de Mondésir,** fille de messire Jean-Louis de Persy, écuyer, seigneur de Mondésir, Paloque, la Bonne et autres lieux, et d'Isabeau de Paloque, habitant du château de Mondésir, paroisse de Cahuzac[3].

Marc de Bideran payait 66 livres d'imposition ; en 1758, il obtint décharge de 22 livres[4]. Il décéda à Castillonnès le 22 novembre 1773 et fut enseveli le lendemain dans l'église Saint-Roch[5].

En 1793, Clémence de Persy ayant des

---

(1) Cabinet des Titres, 279, *ut suprà*.

(2) Arch. du ministère de la Guerre.

(3) Arch. des chât. de la Grèze et de Fayolles. — Reg. parois. de Cahuzac. — Les Persy portent : *De gueules, au chef denché d'argent* (Armorial général de 1696 : *Guyenne*, 313).

(4) Arch. départ. de la Gironde, C, 3047.

(5) Arch. du chât. de la Grèze.

affaires à régler avec sa sœur Elisabeth, épouse de N... Passelaygue-Secrétary, constitua Raymond de Bérailh de Roquefère, son gendre, pour procureur général et spécial. Par son testament du 19 décembre, elle fit un legs de 4,000 livres à Émilie de Bonnal.

Elle se remaria, à Talence, le 14 septembre 1785 avec Louis-Gabriel de Passelaygue [1], et mourut en 1814.

De ce mariage sont provenus :

1. N... DE BIDERAN, mariée vers 1782 à messire *Charles-Raymond de Bérailh de Roquefère.*

2. FRANÇOIS-MARTIAL DE BIDERAN qui suit.

3. JEAN-LOUIS DE BIDERAN. Né le 18 août 1753, il fut tenu le 19 au baptême, par messire Jean-Louis de Persy de Mondésir et par Hippolyte Pol dame de Bideran. Il vivait encore en 1772.

XII

1756-1838.

FRANÇOIS-MARTIAL DE BIDERAN, chevalier, seigneur de Cause, de Saint-Surin et de la Grèze, aussi désigné sous le titre de *marquis de Bideran* dans des lettres et des actes aux Archives de la Grèze et de Canteranne.

Il naquit le 28 février 1756 au château de Saint-Surin et fut tenu le lendemain sur les

---

(1) Bibliot. municip. de Bayonne ; *Manuscrits*, Fonds Communay.

fonts baptismaux de Castillonnès par noble François-Martial de Brayac et par Marguerite de Bideran, sa femme [1].

Le 11 mars 1774, François-Martial de Bideran, fut nommé sous-lieutenant au régiment de la Marine-Infanterie : deux ans plus tard, il permuta et passa, avec le même grade, au régiment d'Auxerrois-Infanterie. Promu lieutenant en 2ᵐᵉ le 13 octobre 1778, lieutenant en 1ᵉʳ le 14 juin 1780, il obtint, à la suite de ses brillants services pendant la guerre d'Amérique, le grade de capitaine par brevet du 1ᵉʳ février 1783. Le 7 novembre 1786, François-Martial démissionna et obtint, le 1ᵉʳ février de l'année suivante, d'être nommé garde surnuméraire dans les Gardes du corps de Monsieur (compagnie de Lévis). Cette compagnie ayant été licenciée en septembre 1791, il reprit bientôt après du service. Chevalier de Saint-Louis depuis le 17 mai 1791, il fut nommé, par brevet du 22 juillet 1792, lieutenant-colonel du 7ᵉ régiment d'Infanterie de ligne [2].

La Terreur arrivée, Mr. de Bideran, que sa qualité de noble et de parent d'émigrés rendait suspect à la Convention, vit sa nomination à ce dernier grade rapportée par décision du Conseil Exécutif en date du 18 décembre 1793. Outré de cette injustice, il

---

(1) Reg. parois. de Cahuzac, et Arch. du ministère de la Guerre.

(2) Arch. du ministère de la Guerre.

donna aussitôt sa démission et se retira en Agenais où il épousa, le 25 frimaire an III (15 décembre 1794), par contrat passé au château de la Grèze devant Campagniac, notaire [1], **Françoise-Adélaïde d'Abzac,** fille d'Antoine d'Abzac [2], chevalier, seigneur de la Grèze, chevalier de Saint-Louis, ancien capitaine au régiment d'infanterie du Dauphin et de Françoise-Elisabeth d'Albert de Laval.

Madame de Bideran, née en décembre 1755, avait été reçue à Saint-Cyr en 1766 ; elle testa le 26 avril 1828 et décéda en 1832. Le marquis de Bideran lui survécut ; il mourut à Castillonnès, âgé de 82 ans, le 12 mars 1838.

Leurs enfants sont :

1. MARTIAL DE BIDERAN, né en 1795 (25 brumaire), mort en bas âge.

---

(2) Arch. du château de Canteranne.

(3) Françoise-Adélaïde d'Abzac avait pour frère : messire Jean-François-Gery d'Abzac, chevalier de Saint-Louis, marié à Anne-Julie de Chabans, décédé à Toulouse en 1828 sans enfant. Elle avait pour sœurs : 1⁰ Madeleine d'Abzac, mariée le 30 septembre 1778 à messire Jean-Baptiste de Dordaygue, chevalier, seigneur de Cazideroque, lieutenant dans le régiment de Lyonnais-Infanterie, fils de Pierre et de Marie-Joséphe de Scorailles, dont : Aubert-Jean-François de Dordaygue, marié en 1813 à Catherine-Joséphine-Ide de Massac de Pavin et Claire de Dordaygue, décédée à Cazideroque en 1871 (*Archives du château de la Grèze*) ; 2⁰ Françoise d'Abzac alliée : 1⁰ à Pierre d'Estut de Solminihac ; 2⁰ à Marc de Gironde.

Antoine d'Abzac était fils de François d'Abzac, chevalier, seigneur de Verdun et de Gabrielle du Boys de La Grèze. — La maison d'Abzac, des plus anciennes et des plus illustres du Périgord porte : *d'argent à la bande et à la bordure d'azur chargées de 9 besans d'or, 3, 3 et 3.* Elle écartelle souvent de *Barrière,* et charge parfois : *de gueules, à trois léopards d'or.*

2. CHARLES DE BIDERAN, dont l'article suit.

3. GUSTAVE DE BIDERAN, auteur de la *branche de Béraud Canteranne* qui vient ensuite.

4. ANNE-JULIE-*AUGUSTA* DE BIDERAN. Elle naquit à Castillonnès le 24 décembre 1805 dans la vieille demeure seigneuriale de sa famille, sise sur le rempart ouest de la ville, et qui fut vendue à M. Charbonnel. Son mariage avec *Hugues-Joseph Cabanès*, adjoint de la ville de Moissac, fut bénit le 3 octobre 1826 à Cahuzac. Le contrat avait été passé le 14 septembre. Ils n'eurent pas d'enfants.

5. FRANÇOISE-*LOUISE* DE BIDERAN, née en 1811 à Castillonnès et morte à Toulouse le 15 novembre 1852. Elle épousa, à Cahuzac, le 24 novembre 1833, *Jean-Raymond de Canteloube de Marmiès*, fils de Pierre-Louis (mort le 28 août 1860) et de Marie-Hélène de Lavaur de Sainte Fortunade. De ce mariage provinrent quatre enfants : 1° Françoise-Hélène-*Pauline de Canteloube de Marmiès*, mariée à Victor Douzon. — 2° *Jules-* Pierre-Louis *de Canteloube de Marmiès*, colonel d'artillerie, marié le 23 juin 1873 à Marie-Madeleine des Moulins de Leybardie. — 3° *Camille-*Joseph-Adrien *de Canteloube de Marmiès*, capitaine, non marié. — 4° *Marie-Gabrielle de Canteloube de Marmiès*, morte en 1865, ayant été mariée à Victor Douzon, veuf de sa sœur.

XIII

1798-1852.

LOUIS-*CHARLES* DE BIDERAN, né à Cahuzac le 28 prairial de l'an VI (16 juin 1798).

Il épousa, par contrat retenu de Lespinasse, notaire à Bergerac, le 23 juillet 1832, **Marie-Honorine-Virginie Chanceaulme de Fonrose**[1], demeurant à Bergerac, fille de Jean-Baptiste-Marie Chanceaulme de Fonrose, et de Claire-Louise-Elizabeth-Zirphile de Cadrous. Il hérita du château de la Grèze à la mort du comte d'Abzac, puis en 1831, des biens de Madeleine de Bideran, religieuse de Fontgrave.

Le marquis de Bideran fit plusieurs testaments en 1839, puis un dernier le 4 novembre 1851, et il décéda à la Grèze en 1852. La marquise de Bideran mourut aussi au château de la Grèze, âgée de 55 ans, le 21 novembre 1863, ayant eu pour enfants :

1. FRANÇOIS-MARTIAL DE BIDERAN, né en 1833, décédé âgé de 15 mois, le 4 août de l'année suivante.

2. MARIE-LAURE DE BIDERAN, née en 1835, décédée âgée de 12 ans, le 26 novembre 1847.

3. MARIE-LOUIS DE BIDERAN, qui suit.

---

(1) Chanceaulme porte : *d'azur à trois casques mal ordonnés d'argent*, (cachet qui scelle le testament en 1820 de Jean-Henri Chanceaulme de Fonrose de Sainte-Croix, chevalier de Saint Louis). Madame de Bideran avait une sœur : Louise-Catherine-Eucharis Chanceaulme de Fonrose, mariée le 16 juin 1824 au comte Jules-Edouard de Loyac, ancien capitaine des milices de la Martinique, chevalier de Malte et de la Légion d'honneur, fils de Jean-Joseph comte de Loyac, chevalier, seigneur de la Bachellerie, chevalier de Saint-Louis, capitaine de cavalerie et de Marie-Rose de la Grange-Platelet de la Tuillerie, dont une fille et un fils ancien officier de cavalerie, décédé à Bordeaux en 1894. Les enfants de ce dernier sont actuellement domiciliés au Monteil, en Lamonzie-Saint-Martin, près Bergerac.

4. MARTIAL-LOUIS DE BIDERAN, né en 1839, mort sans alliance.

XIV

1837-1887.

MARIE-*LOUIS* DE BIDERAN, appelé *le marquis de Bideran*.

Il naquit au château de la Grèze, commune d'Eyrenville, le 18 août 1837, et épousa par contrat retenu Séguinel, notaire à Issigeac, le 28 mars 1864, **Jeanne-Nathalie Talay**, fille de Nicolas Talay et d'Elizabeth Merlateau. Il est décédé au château de la Grèze, le 22 mars 1887 laissant :

1. LAURE DE BIDERAN, née en 1865, non mariée.
2. MAXENCE DE BIDERAN, qui suit.

XV

1867.

MAXENCE DE BIDERAN, dit *le marquis de Bideran*.

Il est né le 2 décembre 1867 au château de la Grèze où il est domicilié.

C'est actuellement le chef de nom et d'armes de sa Maison.

QUATRIÈME BRANCHE.

BARONS

DE BÉRAUD DE CANTERANNE.

(AGENAIS)

1799. — *Existe actuellement.*

XIII

1799-1839.

LOUIS-MARIE-GUSTAVE DE BIDERAN, appelé dans sa jeunesse, *le chevalier de Bideran*, fils puîné (voir p. 96) de messire François-Martial de Bideran, chevalier, seigneur de Cause et de Saint-Surin, et de Françoise-Adelaïde d'Abzac; il est l'auteur de la branche de Canteranne.

Né le 12 prairial an VII (31 mai 1799), il fut Garde du Corps de Monsieur, et épousa à Castillonnès, le 19 juillet 1830, **Marthe-Camille-Céleste de Béraud de Canteranne**, dernière descendanté de sa Maison [1], fille de

---

(1) La famille de Béraud portait: *d'argent[au chevron de gueules, au chef de gueules.* Il y a des variantes : le chef se change en bande ou en fasce surhaussée, tantôt seule, tantôt surmontée d'une tour à dextre. Elle a possédé les seigneuries et châteaux de Cavarc, de Capy, de Canteranne et a été maintenue dans sa noblesse en 1666. Messire Charles de Béraud, qualifié chevalier, figure ainsi que son fils Pierre-François-Henri de Béraud, parmi les votants dans l'Ordre de la noblesse à Périgueux, pour les États-généraux de 1789. Les terres, fiefs et seigneuries des Béraud

Charles Guillaume de Béraud, baron de Canteranne, Cavarc, Capy et autres lieux, et de
Marie de Baillet.

Gustave de Bideran est décédé au château
de Canteranne le 23 septembre 1879. Sa
veuve, dont l'un de nous a pu apprécier la
grande affabilité, mourut le 6 décembre 1889
âgée de 80 ans.

Ils ont eu :

1. MARTIAL-*ARTHUR* DE BIDERAN, né à Castillonnès le 11 août 1831, décédé à Bordeaux sans
alliance, le 16 avril 1890.

2. CHARLES-ALBÉRIC DE BIDERAN, qui suit.

3. FRANÇOISE-*ADRIENNE* DE BIDERAN, mariée à Bor-
deaux le 24 février 1854 à *Philippe-Edgard
Arnaud de Nanclas* [1], fils de Pierre Arnaud
de Nanclas-Roncenac, écuyer, chevalier de Saint-
Louis et de Marie-Aimée-Eléonore de Plas [2].
Mr de Nanclas est décédé le 11 avril 1867 à
Malberchie, paroisse de Villebois-La-Valette,
sans enfants d'Adrienne de Bideran qui demeure

---

furent érigés en baronnie par lettres patentes (dont les originaux
sont conservés aux Archives de Canteranne) des mois de novembre
1752 et octobre 1753. La branche de Canteranne se fixa près de
Castillonnès au xve siècle, mais cette famille est connue plus anciennement en Guyenne et Quercy.

(1) Les Arnaud de Nanclas portent : *d'azur au croissant d'argent en
abîme et à l'étoile de même en chef.* L'oncle d'Edgard de Nanclas
portait le titre de baron de Roncenac qui est relevé par Gaston de
Maillard de Lacombe, marié à Thérèse de Moneys d'Ordières.

(2) Les armes des Plas, qui figurent à la salle des Croisades du
palais de Versailles, sont : *d'argent à 3 jumelles de gueules mises
en bande.* Aimée de Plas et ses trois sœurs, mesdames Leroy de
Lenchères, de Vaudreuil et de Perry, étaient les dernières de leur
maison.

au château de Canteranne et à qui nous renouvelons notre respectueuse reconnaissance pour le concours qu'elle nous a apporté.

XIV

1838-1893.

CHARLES-*ALBÉRIC* DE BIDERAN, BARON DE BÉRAUD DE CANTERANNE.

Né à Castillonnès le 16 avril 1838, il a été substitué aux noms, titres et armes de l'ancienne Maison des Béraud de Canteranne, éteinte en la personne de sa mère. Il obtint de porter le nom de cette famille par décret du Président de la République du 23 août 1876 [1]. Le 26 mai 1867 il avait épousé **Marie-Josèphe-Constance Orliac de La Bastide** [2], fille d'Emile Orliac et de Charlotte-Louise de La Bastide. Le baron de Bideran de Canteranne est décédé à Clermont-Dessus (Lot-et-Garonne), le 28 avril 1893.

Enfants :

1. GUSTAVE DE BIDERAN, mort âgé d'un an en 1869.
2. JEAN-MARIE-*GUILLAUME* DE BIDERAN, né à Toulouse le 23 octobre 1870, décédé à Sarlat le 10 mai 1888.
3. HENRY DE BIDERAN, qui suit.

---

(1) Bulletin des Lois de la République française, 1876, n° 316.

(2) La famille Orliac ayant été substituée aux derniers La Bastide porte comme ceux-ci : *d'or au lion de... au chef cousu d'argent chargé de 3 roses de gueules.*

4. MARIE-*CHARLES* DE BIDERAN, né en 1879, décédé en 1886.

XV

1872.

FRANÇOIS-MARTIAL-*HENRY* DE BIDERAN, BARON DE BÉRAUD DE CANTERANNE, né à Lamagistère (Tarn-et-Garonne) le 15 juillet 1872 ; c'est le dernier descendant de sa branche.

CINQUIÈME BRANCHE.

SEIGNEURS

DE FONTENELLE.

(PÉRIGORD)

1652-1826.

VIII

1652-16...

JEAN DE BIDERAN, écuyer, seigneur de Fontenelle, deuxième fils d'Antoine de Bideran, écuyer, seigneur de Cause (voir p. 82) et de sa troisième femme Catherine de Merle, est l'auteur de la branche de Fontenelle.

Il fut maintenu dans sa noblesse d'extraction le 31 janvier 1667 [1]. Il s'était allié par contrat portant filiation passé le 1ᵉʳ juillet 1663 au Rouzier en Saint-Aubin-de-Cahuzac, devant Demérènes, notaire royal, à **Jeanne d'Hélias,** fille de feu Jean d'Hélias, sieur du Rouzier et de Jeanne de Bideran, assistée de noble Louis de Bideran, écuyer, seigneur de Saint-Surin, son cousin-germain [2]. De ce mariage sont provenus :

---

(1) Arch. dép. de la Gironde, C, 3339.

(2) Ceci, et ce qui suit, concernant cette branche, est tiré de pièces originales, ou copies en forme, aux Archives du château de Canteranne.

1. JEAN DE BIDERAN qui suit.
2. N... DE BIDERAN, officier, tué en .... au siège de Reizewert ou Kerzewert (?)
3. N... DE BIDERAN, écuyer, sieur de la Mothe ou mieux la Mouthe, capitaine, vivant encore en 1707.

IX

1664-1715.

JEAN DE BIDERAN, écuyer, sieur de Fonte-nelle.

Il fut capitaine au régiment de La Châtre; il demeurait à Montauriol; né vers 1664, il mourut après 1715. Il épousa **Marie Fournié**, fille de Pierre Fournié, seigneur de la Marti-gnie, docteur en médecine, et de Jeanne Poumarède. Le contrat, portant filiation, fut passé devant Lantourne, notaire royal, le 29 décembre 1701. Nous leur connaissons comme enfants :

1. LOUIS-JEAN DE BIDERAN qui continue.
2. ANNE DE BIDERAN, qui assiste en 1748 au mariage de son frère.

X

1704-1744.

LOUIS-JEAN DE BIDERAN, écuyer, sieur de Fontenelle.

Né le 15 janvier 1704, il épousa par

contrat retenu Dubois, notaire royal à Castillonnès, le 24 septembre 1748, **Hélène de
Canet,** fille de Jean-François de Canet, chevalier de Saint-Louis, capitaine au régiment
de Toulouse et d'Anne d'Abzac. Le futur
agissait de l'avis d'Anne de Bideran sa sœur,
de Martial de Bideran, docteur en théologie,
curé de Saint Quentin, de Louis et Joseph de
Bideran de Saint-Surin, d'Hippolyte de
Bideran de Saint-Surin et de Joseph de
Baillet, écuyer, sieur de Labrousse, ses
parents; et la future, de l'avis de Madeleine
de Canet, sa tante, de Louis d'Abzac, chevalier, seigneur de Montviel, d'Antoine
d'Abzac, chevalier de Saint-Louis, capitaine
de grenadiers au régiment de Dauphiné, ses
cousins germains, de Françoise d'Abzac,
épouse de Louis d'Abzac, sa cousine, de
messire Etienne de Cours de Thomazeau,
écuyer, seigneur de Puyguérault, de Catherine Mounet sa femme, et de Raymond
Delmas, sieur de Gramont, lieutenant-général
de police à Castillonnès.

Hélène de Canet fut instituée héritière
universelle par le testament de sa mère, du
5 juillet 1744; elle avait un frère (sourd-muet),
Louis de Canet, et deux sœurs : l'une nommée
Elisabeth, l'autre religieuse au couvent des
Junies.

On conserve aux Archives de Canteranne,
l'original de la Maintenue de noblesse qui
fut rendue le 11 juillet 1715 en faveur de

Louis-Jean de Bideran et de Jean de Bideran, seigneur de Fontenelle, son père. (Voir aux *Pièces justificatives*).

Enfants :

1. JEAN-BAPTISTE DE BIDERAN, qui suit.
2. ANNE DE BIDERAN. Elle épousa, le 15 avril 1773, *François-Benoît-Jacques de Cours de Thomazeau*, officier au régiment de Vermandois, peut-être fils d'Etienne de Cours, écuyer, et de Marie Croyzat de Milhac, lequel décéda le 10 juillet 1808 [1] laissant : 1º *Marie de Cours de Thomazeau*, alliée le 10 juillet 1805, à Louis du Rieu de Maynadié ; 2º *Louise-Césarine de Cours de Thomazeau*, mariée par contrat du 11 octobre 1806 à Louis de Carbonnier, ancien officier au régiment de la Reine, fils de feu Jean-Louis de Carbonnier et de Jeanne de Châlons. Ils moururent sans enfants, et Madame de Carbonnier, héritière de son mari, laissa sa fortune et son nom à son neveu, M. Albert de Lard de Saint-Aignan de Cours, décédé à Lespinassat, près de Bergerac, le 19 juin 1894.

XI

1750-1826.

JEAN-BAPTISTE DE BIDERAN, écuyer, seigneur de Fontenelle.

---

(1) Renseignement du vicomte du Rieu de Maynadié. — Nous le croirions plutôt fils de François de Cours et de Camille de Monel, si la date de 1773 est exacte. La *Généalogie de Cours*, par Noulens, est si défectueuse pour les derniers degrés de la branche de Thomazeau qu'on ne peut s'y reconnaître.

Baptisé à Castillonnès le 14 mars 1750
(*aliàs* 1752), il fut nommé sous-lieutenant au
régiment de la Vieille-Marine le 23 février
1769 ; il quitta le régiment le 14 octobre 1774
après avoir fait la campagne de Corse [1]. Le
15 avril 1773 il donna procuration devant
Martin, notaire, pour vendre à Marc de
Bideran de Saint-Surin une maison sise rue
Malbec à Castillonnès.

Il décéda à Saint-Surin le 27 janvier 1826 [2]
sans alliance, laissant sa fortune (biens du
Biarnès, de la Moute et de Malacoste) à son
parent Gustave de Bideran-Canteranne.

Avec lui s'éteignit la branche de Fontenelle.

(1) Arch. du ministère de la Guerre.

(2) Etat-civil de Cahuzac : l'acte de décès le dit âgé de 76 ans.

SIXIÈME BRANCHE.

SEIGNEURS

DE GUIBON.

(BORDELAIS)

1567 - 1611.

VI

1567-1587.

MARC DE BIDERAN, écuyer, seigneur de Sau-magnac[1] et de Guibon, cinquième fils de Jean, écuyer, seigneur de Saint-Surin (voir p. 51), et de Jeanne des Martres, est l'auteur de ce rameau.

Dans un acte de 1567, il est dit oncle de Louis de Bideran de Saint-Surin[2]. Il habitait dans la paroisse de Dardenac en Entre-deux-Mers (canton actuel de Branne, Gironde)[3].

Le 1ᵉʳ avril 1583, il est témoin d'une vente faite par noble François de Canteloube à Baptiste de Larmavaille, chevalier de l'Or-

---

(1) Ou mieux Sauvagnac.

(2) Archives de la Lande, analysées par M. Léo Drouyn.

(3) *Un coin de l'Entre-Deux-Mers*, par Léo Drouyn, p. 12, 13 16, 36, 37.

dre, avec qui il avait fait un échange de pro-
priétés le 2 mars 1573.

Marc de Bideran paraît avoir épousé une
demoiselle **de Beaumont**. En effet, il est dit
oncle maternel (par alliance sans nul doute)
de Marie (Mondolet) de Larmavaille, fille de
Baptiste (Mondolet) de Larmavaille, écuyer,
seigneur de Grossombre et d'Isabeau de
Beaumont, dans le contrat de mariage de la
dite Marie, du 9 septembre 1587, avec François
d'Aulède, écuyer, seigneur du Cros, de Cas-
telmoron et de Virelade [1]..

Il eut peut-être pour enfants :

1. LOUIS DE BIDERAN qui suit.

2. ISABEAU DE BIDERAN. Elle demeurait à Guibon
   le 18 décembre 1589, date d'une vente de terres
   sises aux Binets, paroisse de Dardenac en
   Entre-deux-Mers, consentie par elle conjointement avec sa sœur Catherine [2]. Peut-être
   épousa-t-elle *Pierre d'Estrac*, écuyer, qui, en
   1609 se qualifiait seigneur de Guibon, dont il
   ne pouvait avoir que la co-seigneurie [3].

3. CATHERINE DE BIDERAN, épousa *Daniel de Mélet*,
   écuyer, sieur de Fontanet puis de Guibon. Il
   était veuf dès 1614.

   Ce Mélet, qui paraît appartenir à la famille
   agenaise de ce nom, ne figure pas dans la généalogie des Mélet, imprimée au tome II du

---

(4) *Un coin*, etc., *ut suprà.*

(1) Arch. de la Lande, *ut suprà.*

(2) Note de M. Mongelous.

Nobiliaire de Guyenne, par O'Gilvy [1]. En 1614 il se qualifie de seigneur de Guibon, ce qui ferait supposer que cette terre était échue en partage à sa femme.

VII

1611.

LOUIS DE BIDERAN, écuyer.

Il épousa peut-être une demoiselle **de La Chastre**. Le 2 avril 1611, il assiste son beau-frère (*sic*) Daniel de La Chastre, écuyer, sieur de Montplaisir dans le contrat de mariage de ce dernier avec Jeanne de Rebleys [2].

Nous sommes sans renseignements postérieurs à cette date, et ignorons comment a fini cette branche ; mais d'après M. Mongélous, de Branne, qui connaît bien le pays et a fait des recherches pour nous à Daignac, elle n'a pas subsisté.

(1 et 2) Arch. de la Lande, etc.

DE LA MONGIE.

(PÉRIGORD)

1489-1840.

IV

1489-1536.

BERTRAND DE BIDERAN, écuyer, seigneur de la Mongie, capitaine du château de Saussignac, maître d'Hôtel du roi de Navarre et prévôt général des Maréchaux de France en la prevince de Guienne, est l'auteur de la branche dite de La Mongie. Il était le troisième fils d'Hélie de Bideran, seigneur de Monteton et de la Mongie, et de Rixente de Chaumont. (Voir p. 45).

Le 15 juin 1526, Geoffroy d'Estissac, évêque et seigneur de Maillezais, oncle et tuteur de Louis, baron d'Estissac, de Cahuzac, Saussignac et Montclar, ayant pleine confiance en « la prudomie et bonne diligence de noble Bertrand de Bideren » le nomme, par lettres scellées de son sceau, capitaine des châtellenie, terre et seigneurie de Saussignac[1].

---

[1] Production de 1603 et Carrés de d'Hozier, 92, f. 23.

Le 9 janvier 1528 le roi de Navarre, aïeul d'Henri IV, lui adressa des instruction et mémoire « de ce qu'il auroit à dire et remonstrer de sa part à sa cousine Madame de Nevers », auprès de laquelle il l'avait envoyé en ambassade [1]. Nous ne savons en quoi consistait cette mission ; quoiqu'il en soit, il paraît s'en être bien acquitté puisque, le 7 mars suivant, sur la recommandation expresse du roi de Navarre, François Ier accorda à Bertrand de Bideran des lettres de provision pour exercer la charge de prévôt général des Maréchaux de France en la province de Guienne [2].

Institué héritier universel par le testament de son père (11 février 1499), Bertrand épousa *en secondes noces*, par contrat passé au château de Pau, retenu par Gassie-Coteret, notaire et secrétaire-général du roi de Navarre, le 10 février 1519 [3], **Catherine de Montastruc,** dite **de Lavedan** [4], fille de feu noble N... de

---

(1) Production de 1603 et Carrés de d'Hozier, 92, f. 40.

(2)   Id.   Id.   f. 24.

(1) Carrés de d'Hozier, 92, f. 22.

(2) Catherine, par suite sans doute d'une mauvaise lecture, est souvent appelée *de Montestène;* elle appartenait peut-être à la puissante maison de Castelbajac dont les armoiries qui figurent à la Salle des Croisades sont : *d'azur à la croix d'argent.* Nous avons tout lieu de croire qu'il y a erreur lorsqu'on la dit fille du seigneur de Lavedan et de Jeanne de Marsan. Nous appuyant sur les généalogies de Montesquiou et de Castelbajac, nous supposons qu'elle n'était que la petite-fille de ces derniers, et qu'elle était fille de Pierre-Arnaud de Castelbajac, chevalier, seigneur baron de *Montastruc,* Castelbajac, etc., gouverneur de Bigorre, conseiller et

Lavedan et de noble dame Jeanne de Marsan, dame de Montastruc. La dot de la future était de 500 fr. bordelais, mais, à cause « des bons et agradi services que lad. damoiselle Cataline a feyt aus deffuncts Rey et Reyne que Diu aya en Sa Sainte Glorie et à masdames lors filhes » Alain, sire d'Albret, tuteur du roi de Navarre sous les auspices duquel avait lieu ce mariage, doubla la dot de la future. Le contrat, qui fut passé en présence de Gaston, seigneur d'Andorre, sénéchal de Béarn et de bien d'autres nobles personnages, portait la clause que le jour de la solennisation du mariage Catherine de Lavedan serait habillée comme le comporte le rang des Maisons de Montastruc et de la Mongie.

Dans un contrat[1] du 16 mai 1534 Bertrand reconnaît avoir reçu de très haut et puissant prince Alain, sire d'Albret, la somme de 500 francs bordelais promise en dot à sa

---

chambellan du roi de Navarre, et d'Antoinette de *Lavedan*, fille elle-même de Raimond-Garcie, chevalier, vicomte de Lavedan, seigneur de Castelloubon, etc., et de Jeanne (*aliàs* Bellegarde) de Montesquiou-Fézensac, dame en partie de Marsan.

Catherine descendait dans tous les cas de ces trois illustres maisons ; celle de Lavedan connue en Bigorre dès le xie siècle, s'est fondue successivement dans les maisons du Lion, de Bourbon, de Bénac, d'Orléans-Rothelin et de Rohan-Rochefort ; ses armes étaient : *d'argent à trois oiseaux de sable*. Quant à celle de Montesquiou, issue des anciens ducs de Gascogne, rois de Navarre, elle est tant par ses grandes alliances, ses services et les hautes charges qu'elle a occupées que par son antique et noble origine, une des plus illustres de France ; ses armes : *d'or à deux tourteaux de gueules mis en pal* figurent à la Salle des Croisades.

(1) Carrés de d'Hozier, 92, f. 26.

8

femme. Il donne en échange à Catherine de Lavedan son épouse, l'usufruit d'une partie des biens qu'il possède dans les juridictions de Saussignac et de Gageac. Il décéda au mois d'août 1536 sans avoir pris d'autres dispositions testamentaires, ni nommé un curateur à ses enfants, dont l'aîné seul, Alain, était majeur de 15 ans. Aussi le 26 du mois de septembre suivant, à la requête du procureur de la juridiction de Saussignac, messire Jehan de Bideran, prieur de la Carte et chanoine de Poitiers, frère du défunt, fut-il nommé tuteur de ses enfants [1]. Jean de Beaupoil, baron de la Force, beau-frère des mineurs, avait refusé cette fonction prétextant qu'il était marié et père de famille.

Catherine de Lavedan testa dans la maison noble de la Mongie le 27 mai 1564 (Peyroux notaire); elle élisait sa sépulture dans l'église de Saussignac, nommait ses huit enfants, faisant un legs à chacun d'eux, instituait Alain son fils aîné héritier universel, et léguait à dame Philippe de Bruzac, femme d'Achille : « Une robe de camellot pour l'esté, une de drapt noir et un ung chaperon de vellous », puis à Louise de Beauvoix, femme d'Alain : « Sa robbe de satin noair bandée de vellous, et tout le restant de ses habilhemens et acous-

---

(1) Carrés, *ut suprà*, f. 27. Le prieuré de la Carte, paroisse de Vitré, dépendant de l'abbaye de Celles, est aujourd'hui entièrement détruit.

tremens » [1]. De ce mariage (car du premier qui est inconnu il ne paraît pas avoir survécu d'enfants) provinrent :

1. ALAIN DE BIDERAN qui suit.
2. ACHILLE DE BIDERAN, né vers 1523. Il vivait encore en 1573, car à cette date il est nommé dans le testament de son neveu Philippe de Bideran ; il servait dans l'armée de l'amiral de France et se trouvait lui aussi à Cahors lorsque son neveu testa. Il épousa *Philippe de Bruzac* dont il ne paraît pas avoir eu d'enfants.
3. JEHANNE DE BIDERAN, née vers 1524, mariée à *l'âge de douze ans* [2] à *Jean de Beaupoil*, baron de Laforce *(sic)*, lequel est inconnu de d'Hozier et du Père Anselme, à moins qu'il ne s'agisse de Jean de Beaupoil, capitaine de Montboyer, fils naturel de Jean de Beaupoil, dit Prévost, dernier seigneur de Laforce de son nom.
4. PHÉLIPPE DE BIDERAN, née vers 1527.
5. JEHAN DE BIDERAN, né vers 1528, vivait encore en 1573.
6. JEHAN DE BIDERAN, dit POUTON, né vers 1530.
7. LOUIS DE BIDERAN, né vers 1531.
8. FRANÇOIS DE BIDERAN, né vers 1534. Suivant le testament de sa mère, il paraît être mort au service sous les ordres du seigneur de Duras.

---

(1) Carrés, etc., f. 34.
(2) id. etc. f. 27,

V

1521-1562.

ALAIN DE BIDERAN, écuyer, seigneur de la Mongie.

Né vers 1521, il n'avait que 15 ans lors du décès de son père mais il fut convoqué cependant, cette même année (1536) au ban de la noblesse du Périgord [1]. Il fut dispensé du ban de 1554 pour lequel il avait été convoqué et où il devait conduire 200 hommes d'infanterie du seigneur de Duras [2].

Jehan de Belcier, seigneur de la Rolphie, conseiller du Roi, juge-mage et lieutenant-général de la sénéchaussée de Périgord nomma, par lettres du 9 avril 1558, Alain de Bideran commissaire à la conduite de 500 hommes d'armes que François de La Baume, écuyer, lieutenant dans la compagnie du capitaine de Boysse avait recrutés en Gascogne [3].

Par contrat passé par Sérelier, notaire royal, au château de Génissac (Entre-deux-Mers) le 6 janvier 1544 [4], il épousa **Loyse de Beauvoix** [5] fille de noble François de

---

(1) Carrés de d'Hozier, t. 92, f. 40. — Arch. dép. des B.-Pyrénées, E, 671.

(2 et 3) Id. f. 41, 32.

(4) Le 25 sept. 1544, est-il dit au f. 17 des Carrés de d'Hozier qui donnent la première date au f. 30.

(5) Louise de Beauvoix avait une sœur, Marie, qui épousa maître François de La Vergnie, seigneur de la Mothe, y demeu-

Beauvoix, et nièce de Louis et de Jacques de Beauvoix, aussi écuyers.

Ce contrat fut passé en présence de Louis de Pierre-Buffière, écuyer, seigneur de Génissac, de Jean de Montcheuil, écuyer, seigneur dudit lieu et de Jean de Saint Martin, écuyer. La dot de Louise était de 200 écus d'or dont Alain de Bideran donna quittance par acte passé au château de Génissac le 19 janvier 1544 [1].

Alain de Bideran testa [2] le 8 novembre 1562, instituant héritier universel Philippe, son fils aîné, auquel il substituait Godeffre, François, Guillaume et enfin Jean-Marie de Bideran ses autres fils. Ses deux filles, Marthe et Louise, y sont nommées avec recommandation à son héritier de veiller à ce que celles-ci se marient « selon la puissance de leur maison ». Il léguait l'usufruit de tous ses biens à Louise de Beauvoix, sa femme, et parle d'un enfant à naître auquel il assignait une légitime égale à celle de ses autres enfants.

Alain dut décéder peu de temps après avoir testé, car il n'existait plus lors du testament de sa mère.

Louise de Beauvoix, sa veuve, testa elle-même [3] le 6 novembre 1582 devant de

rant paroisse de Puyguilhem. Ils ont eu : Philippe, Jean et Jean-Louis de La Vergnie. (*Testament de Loyse de Beauvoix*).

(1 et 2) Carrés de d'Hozier, t. 92, f. 31, 32, 33.

(3) Carrés, etc., f. 36.

Bonmartin, notaire royal de Saussignac ; elle demandait à être ensevelie dans l'église de Saussignac aux tombeaux des ancêtres de son mari ; à Marthe sa fille était assignée la moitié de tous ses biens, à la condition que si elle décédait sans hoirs de légitime mariage ils reviendraient à Jean-Marie, son fils, qu'elle instituait pour son héritier universel et auquel elle substituait ses neveux de La Vergnie.

Voici le nom de leurs enfants tous nommés dans les testaments ci-dessus :

1. PHILIPPE DE BIDERAN, écuyer, seigneur de la Mongie, fils aîné, institué héritier universel par le testament de son père; il épousa *Françoise de Lacroix*, peut-être fille de noble Pierre de Lacroix, écuyer, seigneur de Couronneau [1], consul de Sainte-Foy en 1531, et de Catherine de Châteauneuf. Il n'eut point d'enfants de cette alliance. Blessé mortellement devant Cahors, il décède dans cette ville après y avoir fait son testament « au logis de la Cloche » le 3 avril 1573 [2]. Il demande à être enseveli dans l'église du lieu où il décèdera, il confirme Louise de Beauvoix, sa mère, dans l'usufruit des biens à elle légués par

---

(1) Pierre de Lacroix servait lui aussi dans les armées du roi de Navarre; de son mariage avec Catherine de Châteauneuf il avait eu deux fils: l'aîné Jean fut marié à Marguerite de Bonnières dont il n'eut pas d'enfants. Pierre de Lacroix vivait encore en 1586, car à cette époque nous le trouvons enfermé dans Castillon avec ses deux fils, défendant cette ville contre les entreprises du duc de Mayenne. Voir la *Généalogie Filhol*, par Boisserie de Masmontet; l'*Histoire de Libourne*, par Guinodie ; les Archives des châteaux de Fayolles et de Couronneau.

(2) Carrés de d'Hozier, 92, f. 77.

son feu père, mais il lui recommande de nourrir et entretenir Françoise de Lacroix sa femme selon sa qualité et condition. Dans le cas où sa femme serait enceinte, il lègue la totalité de ses biens à son posthume, lui substitue ses frères et sœurs, puis à ces derniers, ses oncles Jean et Achille de Bideran.

2. GODEFFRE (GEOFFROY) DE BIDERAN qui ne vivait plus en 1582.

3. FRANÇOIS DE BIDERAN, officier dans l'armée du roi de Navarre, tué en mai 1580 au siège de Cahors.

4. GUILLAUME DE BIDERAN, décédé avant 1582.

5. JEAN-MARIE DE BIDERAN, qui a continué la postérité.

6. MARTHE DE BIDERAN, héritière de Louise de Beauvoix, sa mère, qui lui avait légué la moitié de tous ses biens. Elle est aussi nommée dans le testament de son père et dans celui de son frère Philippe qui lui laissa 1500 livres. Elle épousa par contrat, retenu par Beaupoil, notaire royal, et passé à Saussignac le 29 octobre 1583, du consentement de son frère *unique* (sic), Jean-Marie de Bideran : *Alain de Bérailh*, écuyer, habitant de Saint-Martin, juridiction de Lamonzie, agissant de l'avis de son frère Bernard de Bérailh, écuyer, seigneur de Saint-Martin qui se porta caution pour le payement de la somme de 166 écus deux tiers, montant de son apport dotal [1].

Marthe de Bideran paraît plusieurs fois comme marraine dans les anciens registres pro-

---

(1) Carrés, etc., f. 37.

testants du consistoire de Saussignac [1]. Elle a eu entre autres enfants : *Arnaud de Bérailh*, baptisé le 10 février 1590, tenu par Arnaud de Bérailh et par Marthe de Cléziac [2].

7. Louis de Bideran, décédé avant 1582.

VI

1562-1616.

Jean-Marie de Bideran, écuyer, seigneur de la Mongie.

Il fut maintenu dans sa noblesse et déclaré noble « extraict de noble lignée » par sentence de Le Blanc, commissaire de S. M., donnée à Périgueux le 8 mai 1598, avec exemption du droit de Franc-fief [3]. Le 4 mai 1598 il fournit une attestation, signée de Limeilh, notaire royal, prouvant qu'il avait reçu de nombreuses blessures pendant qu'il était au service du Roi ; et le 20 octobre 1603 il produisit devant les commissaires de S. M. pour la recherche des nobles les titres par lesquels il justifiait de sa noblesse de race [4].

Jean-Marie, par contrat passé dans la maison noble de Monlong, paroisse de Pomport, devant Marteau, notaire royal, s'unit, le 1er juin 1616, à **Marthe de Fonvieilhe** [5], fille

---

(1 et 2) Arch. nationales, T T, 239 ; Registres du consistoire de Saussignac.

(3 et 4) Carrés de d'Hozier, 92, f. 41 à 43.

(5) La famille de Fonvieilhe, dont le nom s'est écrit indifféremment de Fontvieille et de Fonvielle, a voté, en 1789, avec l'Ordre

de feu noble Mathieu de Fonvieilhe, écuyer, seigneur de Monlong, assistée de Jehan, autre Jehan, Gédéon et Pierre de Fonvieilhe, écuyers, ses frères. Marthe de Fonvieilhe apportait 1,300 livres de dot et promettait, dans le cas où son mari viendrait à décéder, de nourrir, entretenir, faire apprendre à lire et à écrire à François de Bideran, écuyer, fils naturel et bâtard de son mari, légitimé par autorité royale [1].

Les enfants de Jean-Marie de Bideran, connus de nous, sont :

1. GÉDÉON DE BIDERAN, qui suit.

2. MATHIEU DE BIDERAN, nommé au contrat de mariage de son frère.

3. JEANNE DE BIDERAN ; elle transigea, le 29 septembre 1648, sur les successions paternelle et maternelle.

4. FRANÇOIS DE BIDERAN, fils naturel de Jean-Marie de Bideran et de Catherine Fraisse. Il obtint des Lettres-royaux de légitimation, donnés en mars 1599, confirmés le 13 août 1601 et enregistrés le 8 mars 1602 au bureau des Trésoriers et Finances de Guyenne [2]. Nous avons vu la

_____

de la noblesse du Périgord ; elle a contracté des alliances avec les familles de Bonsol-Lanticq, Grenier, de Baillet, Digeon de Monteton, de Saint-Exupéry, du Prat, Lapagerie, de Bacalan, de Roche, de Briançon, de Lajonie, etc., etc.; elle a possédé en partie la baronie de Moncuq, ainsi que les fiefs et châteaux de Monbouchet, Monlong, Mensignac, la Pradesque et la Fonvieilhe. Ses armes, qui figurent dans l'Armorial du Périgord, sont : *de gueules au lion d'argent armé et lampassé d'or*.

(1) Carrés, etc.

(2) Arch. dép. de la Gironde, C, 3809, f. 50, v.

clause le concernant dans le contrat de mariage
de son père ; nous ignorons sa destinée.

VII

1639-1677.

GÉDÉON DE BIDERAN, écuyer, seigneur de la
Mongie.

Il obtint le 17 novembre 1639 un certificat
de Louis de Chabans de Lavignac, commandant du ban et arrière-ban de la noblesse du
Périgord, constatant qu'il avait servi le Roi
dans l'armée dirigée par M. le Prince dans le
comté de Roussillon [1].

Il épousa par contrat, portant filiation, du
12 mars 1645, reçu Gourd, notaire royal,
Henrye de Chassaing, fille de Jean Chassaing, écuyer, habitant du lieu noble de
Bardouly [2], et de feue Marguerite Le Verrier.
Les deux futurs étaient protestants, le contrat
porte qu'ils célèbreront leur mariage *dans
l'Église de Dieu réformée* [3]. Le futur agissait de l'avis de de Mathieu de Bideran,
écuyer, son frère, de Claude du Boys, écuyer,
seigneur de Fayolles, d'Alain de Filhol,

---

(1) Carrés de d'Hozier, 92, f. 48 r.

(2) La maison noble de Bardouly était située paroisse de Saint-
Aubin juridiction, de Cahuzac.

(3) La minute de ce contrat est en original aux Archives du
chât. de Canteranne. La famille Chassaing, ou de Chassain, porte :
De sable à trois molettes d'argent (B. N. Arm. Gén. de 1696,
Guyenne, 1103).

écuyer, sieur de Paranchères, gentilhomme ordinaire de la Chambre du Roi, et de Pierre Alba, écuyer, sieur de Lespinassat. La future était assistée de son père, de Marc-Antoine du Boys, écuyer, sieur de Bardouly, son beau-frère [1], d'Isabeau Chassaing, femme dudit Marc-Antoine, de Marie Chassaing sa sœur, de Jacques d'Augeard, conseiller au parlement de Bordeaux, de noble Hector de Clermont, sieur de Fermy et Caudou, de Blazy de Pardaillan, écuyer, de Françoise de Chassaing, de Jean Moutard, écuyer, sieur de la Tour, de Suzanne de Chassaing sa femme, et de François Geoffre, avocat. Ce contrat fut insinué à Bergerac le 24 avril 1645.

Jean-Marie de Bideran, père de Gédéon, avait, durant sa vie, contracté de grosses dettes; une partie de la dot d'Henrye de Chassaing servit à payer Thomas Brugière, sieur de la Tour, créancier de Jean-Marie-Armand d'Escodéca de Boisse, lequel également créancier fut payé avec l'autre partie de la dot [2].

En 1687 Henrye et Isabeau de Chassaing, toutes deux veuves, furent assignées en paiement supplémentaire sur leur dot des engagements contractés par leur père [3]. Le

---

(1) Isabeau de Chassaing avait épousé noble Marc-Antoine du Boys, écuyer, auquel elle avait apporté en dot des droits sur le domaine de Bardouly (Arch. du chât. de Fayolles).

(2 et 3) Arch. du chât. de Canteranne.

29 septembre 1648 Gédéon de Bideran passa une transaction, devant de Correch notaire, avec sa sœur au sujet des héritages délaissés par leurs parents₁. Il produisit lors de la Réformation de 1666-1671, ainsi que ses enfants, devant François de La Brousse, commissaire subdélégué par Claude Pellot pour la Recherche de la véritable et fausse noblesse dans l'Élection de Sarlat, et obtint décharge le 20 décembre 1666[2]. La dite sentence constate qu'il portait pour armes : *De gueules au chasteau d'argent massonné de sable.*

Gédéon de Bideran testa[3] le 10 janvier 1677. Dans son testament il lègue 10 livres aux anciens de l'Église prétendue réformée de Saussignac, il institue pour son héritier universel, Mathieu de Bideran, écuyer, sieur de Salevert son fils aîné, et nomme ses autres enfants que voici :

1. JEAN DE BIDERAN, né le 2 mai 1646, décédé avant son père[4], mais après 1666 puisqu'il fut *maintenu* cette année avec son père.

2. MATHIEU DE BIDERAN, dont l'article suit.

3. PIERRE DE BIDERAN, écuyer, sieur de la Sauvagie, capitaine dans le régiment de Périgord. Il fut

---

(1) Carrés, etc., f. 50 et suiv.

(2) id. etc., et Arch. de la famille de Gérard.

(3) id. etc.

(4) id. etc.

parrain le 7 novembre 1688 à Gardonne de son neveu Pierre de Bideran [1].

4. FRANÇOISE DE BIDERAN, née le 20 mars 1649, comme son père l'a noté en bas de son contrat de mariage [2].

5. SUZANNE DE BIDERAN, née le 31 décembre 1650; [3] elle épousa *André Loiseau*, sieur du Faget, bourgeois, habitant de Bergerac.

6. HENRYE DE BIDERAN.

7. LYDIE DE BIDERAN, mariée à *Henri du Bourdieu*, sieur du Maine, dont entre autres enfants : 1º *Jacques du Bourdieu*, baptisé à Limeuil en la R. P. R. le 31 mars 1683 [4]; 2º *Mathieu du Bourdieu*, écuyer, sieur du Reclaud de Pomport [5].

8. SYLVIE DE BIDERAN, née vers 1660. Elle abjura le protestantisme le 30 août 1683 [6].

VIII

1647-1697.

MATHIEU DE BIDERAN, écuyer, sieur de Salevert, puis seigneur de la Mongie.

---

(1) Reg. par. de Gardonne.

(2) Arch. du chât. de Canteranne.

(3) Carrés de d'Hozier, 92, f. 50.

(4) Reg. protestants de Limeuil, aux Arch. dép. de la Dordogne.

(5) Arch. du chât. de Fayolles. — Mathieu du Bourdieu fut père de Jean, père lui-même d'autre Jean du Bourdieu, écuyer, sieur du Reclaud en Saussignac, marié à dame Marie de Saintout, par contrat du 22 décembre 1768 dont l'original est aux Archives de Fayolles.

(6) Reg. par. de Saussignac.

Né le 26 juillet 1647 [1], il fut *maintenu* dans
sa noblesse avec son père et ses frères le
20 décembre 1666 comme il a été dit plus
haut.

Devant Bourbon notaire royal le 27 juillet
1682, assisté de sa mère, d'André Loiseau,
sieur du Faget, son beau-frère, de Jean Eyma,
capitaine, d'Isaac Boys, lieutenant au régiment de Belzunce, ses cousins, de Renaud-
Louis Loubes, chevalier, seigneur de la Gastevine, du Coudre et autres fiefs, et de Louise
d'Escodéca de Boisse, épouse dudit seigneur
de la Gastevine, Mathieu de Bideran, s'allia
par contrat passé au château de Pérou à
Jeanne de Briançon [2], fille de Jean de Briançon, chevalier, seigneur de Pérou et de
Marguerite de Pineau. La future était assistée
de ses père et mère, de messire Pierre de
Briançon son frère, de Daniel de Briançon,
écuyer, sieur du Rival, son oncle, de noble
Armand de Boulède, sieur de la Roque,
aussi son oncle, de noble André de Cézac,
sieur de la Moulhière, de dame Madeleine
d'Augeard, veuve de messire Isaac de
Larmandie, seigneur de Sainte-Foy-de-
Longua, habitant en son château de Gardonne, et de Jean Grenier, avocat au parle-

(1) Carrés, etc., f. 48.

(2) La maison de Briançon en Périgord, que quelques auteurs
disent, sans preuve, issue des Brancion en Bourgogne, porte : *de
gueules à 3 fasces ondées d'or*. Elle était originaire de Verteillac et
possédait auprès un petit fief de son nom.

ment, bourgeois et habitant de la ville de Bergerac. La dot fut fixée à 4,000 livres [1].

Mathieu de Bideran obtint, sur la représentation de ses titres de noblesse, le 11 mai 1697 une ordonnance de décharge de Louis Bazin de Besons, intendant de Guyenne, le maintenant dans sa noblesse, et enjoignant aux syndics et cotisateurs de le rayer des registres de la taille [2]. Ses enfants sont :

1. JEAN DE BIDERAN, né le 24 juillet 1683, baptisé à Laforce en la R. P. R. le 27 du même mois ; il eut pour marraine madame de Chassaing, sa grand'mère [3].

2. RENAUD-LOUIS DE BIDERAN, né le 6 octobre 1684. Baptisé le lendemain de sa naissance ; il eut pour parrain Renaud-Louis de Loubes, chevalier, seigneur de la Gastevine et pour marraine Louise d'Escodéca de Boisse, dame de la Gastevine [4].

3. FRANÇOISE DE BIDERAN, née le 4 janvier 1687, baptisée le 12 dans l'église Saint-Jean de Gardonne [5].

4. PIERRE DE BIDERAN, né le 16 octobre 1688, baptisé dans l'église de Gardonne le 7 octobre suivant. Il fut tenu sur les fonts baptismaux par Pierre de Bideran, écuyer, sieur de la Sauvagie, son oncle, et par Madeleine de Briançon [6].

---

(1) Le contrat de mariage est en original aux Arch. du ch. de Fayolles ; il est cité dans les *Carrés* aux f. 57 et 58.

(2) Carrés de d'Hozier, f. 59, r.

(3 et 4) Arch. municip. de Bergerac, Registres protestants de Laforce.

(5 et 6) Reg. par. de Gardonne.

Il épousa, vers 1715, *Marie de Vacher du Rocq*, sœur de Jean-Joseph de Vacher, sieur du Rocq et du Fossat marié à Marguerite de Borie. Il ne provint pas d'enfant de cette union. Pierre de Bideran est nommé en 1738 dans le premier testament de sa sœur, Marie-Victoire, qui le dit son aîné et qui lui laissait la faible somme de 12 livres, le priant de s'en contenter « vu qu'il n'en avoit pas besoin[1] ». Pierre dut décéder avant 1750, car à cette époque il n'est pas nommé dans le second testament de sa sœur Marie-Victoire.

5. MARIE-VICTOIRE DE BIDERAN, née le 6 décembre 1690 et baptisée à Gardonne le 11 du même mois.

Elle entra en religion au couvent des Dames de la Foi, à Belvès[2]. En 1738 elle fit son testament, qu'elle scella de 14 cachets de cire rouge aux armes de Bideran[3], et le 28 novembre 1750 elle testa de nouveau pour instituer Jacques-François de Bideran, son neveu, héritier universel de sa fortune, dont elle léguait la jouis-

---

(1) Minutes des notaires de Saussignac et Arch. du chât. de Fayolles. — La famille Vacher, ou de Vacher, portait : *d'azur au bœuf d'or accorné et onglé de gueules;* elle habitait la maison noble du Rocq paroisse et juridiction de Villeneuve de Puychagut en Agenais. Du mariage de Jean-Joseph de Vacher, frère de Mme de Bideran, provint entre autres enfants : Jeanne de Vacher du Rocq qui épousa le 19 mars 1762 messire Jean-Baptiste de Peyronny, écuyer, sieur de Monrepos, capitaine de cavalerie, père de Pierre, marié à Françoise Pauvert, et de Marie de Peyronny qui épousa Jean de Masmontet-Belleville. (Registres de Thénac, Arch. de Fayolles ; *Généalogie de Peyronny,* par Laisné, et *Généalogie ms. de Masmontet et Pauvert,* par Boisserie de Masmontet.)   •

(2) Minutes des notaires de Saussignac.

(3) Original aux Archives de Fayolles.

sance à Léonard de Bideran, son frère[1]. Marie-Victoire décéda vers 1752, supérieure des Dames de la Foi, à Belvès.

6. MARIE-MADELEINE DE BIDERAN, née le 1er janvier 1693. Elle fut mise en nourrice au Clos, paroisse de Cunèges, où elle fut baptisée le 16 du même mois. Ses parrain et marraine furent noble Jean de Briançon, écuyer, seigneur de Pérou, son grand-père, et Marie de Briançon, sa tante. Marie-Madeleine décéda peu de jours après[2].

7. JEAN-LOUIS DE BIDERAN[3], né le 28 octobre 1695, mort jeune.

8. LOUIS DE BIDERAN, écuyer, sieur de Couvie puis co-seigneur de la Mongie. Il fut institué héritier universel dans le premier testament (1738) de sa sœur Marie-Victoire qui, en 1750, lui fit un simple legs.

Il épousa après 1738, assez âgé puisqu'il était né le 13 mars 1697, *Elisabeth de Meyzonnès*, fille de Jacob de Meyzonnés, sieur de Couronneau, avocat au parlement de Bordeaux[4].

---

(1) Minutes des notaires de Saussignac.

(2) Reg. par. de Pomport.

(3) Reg. par. de Gardonne.

(4) Minutes des notaires de Saussignac. — La famille Meyzonnès portait : *d'azur à deux fasces d'or, à la bande de gueules brochant sur le tout*. Elisabeth de Meyzonnès avait plusieurs frères, Etienne, l'aîné, était bourgeois de Bordeaux, il épousa Marie Morin d'une ancienne famille de Sainte-Foy dont il n'eut qu'une fille : Jeanne, mariée à noble Pierre Cartier, seigneur de Saint-André et du Grand-Renom, auquel elle apporta le château de Couronneau (situé paroisse de Ligueux en la juridiction de Sainte-Foy) que Jacob son grand père avait acquis par contrat du 16 juin 1671 de dame Jeanne d'Escodéca de Boisse, veuve de Charles de Rochefort Saint-Angel, marquis de Théobon. Le château de Couronneau est toujours la propriété de la famille de Cartier, à l'obligeance de laquelle nous devons plusieurs renseignements.

Il ne provint point d'enfant de ce mariage et,
le 15 avril 1766, Louis de Bideran, devenu veuf,
fit dans la maison noble de la Tour[1], où il
habitait, cession de tous ses biens à son neveu
Jacques de Bideran, écuyer, seigneur de la
Mongie. En 1740, Louis avait été nommé tuteur
des enfants de François Eyma, son parent.

9. LÉONARD DE BIDERAN, qui a continué la descendance.

IX

1698-1765.

LÉONARD DE BIDERAN, écuyer, seigneur de
la Mongie.

Né le 28 décembre 1698, il épousa par contrat, retenu Fonvieille, notaire royal, le
7 janvier 1728, **Marie Guerrier**, fille de Mathias
Guerrier, sieur de Lestévenie, ancien aide-
major au régiment de Normandie-Infanterie,
et de Jeanne Boucherie, habitant au lieu de
Lestévenie, paroisse et juridiction de Gajeac
en Périgord[2]. Léonard de Bideran était assisté
de noble Louis de Bideran, sieur de la Mongie, son frère, de Louis de Briançon, écuyer,
seigneur de Pérou, son cousin-germain,

---

(1) Minutes des notaires de Saussignac. — Le repaire noble de
la Tour, où habitait Louis de Bideran, appartenait alors à la famille
de Brugière qui le tenait par succession des Verthamon. Il appartient aujourd'hui à Mlle Antoinette de Masmontet de Fonpeyrine,
mariée en octobre 1867 à M. A. de Cartier de Couronneau, fils de
Louis de Cartier et d'Inès Du Rége de Beaulieu.

(2) Carrés de d'Hozier, 92, f. 62, et Nouveau d'Hozier, 253, f. 17.

de Mathieu du Bourdieu, écuyer, sieur du Reclaud de Pomport aussi son cousin-germain, de noble François de Commarque, ancien capitaine, de noble François de Sallefranque, sieur du Graveron, ancien capitaine au régiment de Bretagne et chevalier de Saint-Louis. Marie Guerrier, était assistée de ses père et mère, de Marc-Antoine de Guerrier, sieur de Lestévenie, son frère, de Jacob Boucherie, sieur de la Mothe, son oncle, de Jean de Fajette, sieur de Pressignac, aussi son oncle, de noble Etienne de Roche, écuyer, sieur du Pierrail, chevalier de Saint-Louis, de Pierre Cartier, sieur de Cazenat, ancien garde du corps du Roi, ses oncles bretons, et de noble Ezéchiel de Brugière, sieur de la Tour, son cousin. La dot de la future fut de 5,800 livres.

Léonard de Bideran, dans son testament du 25 mai 1750, déclare avoir cinq enfants encore vivants, il avantage François son fils cadet et nomme son aîné Jacques-François [1]. Il décéda à Saussignac le 15 avril 1765 et fut enterré le 16 dans l'église de cette paroisse, aux tombeaux de ses ancêtres [2], laissant :

1. MARIE-VICTOIRE DE BIDERAN qui était filleule de sa tante Marie-Victoire, laquelle, par son testament de 1750, lui légua 300 livres. Elle décéda sans alliance [3].

---

(1) Minutes des notaires de Saussignac.

(2 et 3) Reg. par. de Saussignac, et Arch. du chât. de Fayolles.

2. MARIE DE BIDERAN. Née à Saussignac le 22 novembre 1730, baptisée le lendemain de sa
naissance, elle eut pour parrain Antoine de
Guerrier et pour marraine, Marie de Bideran
remplaçant Marie de Briançon. Elle décéda à
Saussignac âgée de 46 ans, le 9 juillet 1776, sans
avoir été mariée[1].

3. Autre MARIE DE BIDERAN. Née à Saussignac en
juin 1732, baptisée le 3 juillet de la même
année, elle eut pour parrain Marc de Guerrier,
à la place de Louis de Briançon, écuyer, seigneur de Perrou; la marraine fut Marie de
Guerrier. Marie décéda en bas-âge le 27 octobre de l'année suivante et fut ensevelie dans
l'église[2].

4. JACQUES-FRANÇOIS DE BIDERAN, dont l'article suit.

5. FRANÇOIS DE BIDERAN, dit *le chevalier de Bideran*,
co-seigneur de la Mongie. Né le 8 juillet 1735 à
Saussignac, il fut, quoique cadet, avantagé dans
le testament de son père[3]. Par testament du 11
septembre 1743, retenu Montant, Anne-Marie
de Sallefranque, sa parente, lui légua la totalité
de sa fortune[4].

D'abord volontaire au régiment du Roi-Dra-
gons (1er avril 1753), il passa le 18 avril 1758 au
régiment des Cuirassiers du Roi et fut nommé
cornette par brevet du 20 décembre de la même
année. En 1762, après avoir fait la campagne
d'Allemagne il obtint une commission de lieutenant; mais, de nombreuses blessures l'ayant

---

(1) Reg. par. de Saussignac, et Arch. du chât. de Fayolles.
(2) Reg. par. de Saussignac.
(3) Minutes des notaires de Saussignac.
(4) Arch. du chât. de Fayolles.

contraint de demander son congé, il fut réformé
en avril 1763. Deux mois après, il obtint de
reprendre du service en qualité de sous-lieutenant et, en 1765, nous le voyons assister avec le
grade de lieutenant à Vendôme, où il était en
garnison, au mariage de son frère Jacques.

Devenu successivement lieutenant en premier (juin 1772), capitaine en second (20 février
1788), il passa le 16 mai 1788 aux Chasseurs de
Bretagne, et fut nommé lieutenant-colonel de
ce régiment le 8 mars 1793.

Ne voulant pas servir plus longtemps la
Révolution, François de Bideran, qui comptait
40 années de service, demanda sa retraite. Il y
fut admis le 19 juin 1793 [1] ; la croix de Saint-
Louis lui avait été accordée depuis le 3 avril 1791.
Il ne paraît pas s'être marié : nous ignorons le
lieu et la date de sa mort.

Peut-être est-ce lui qui, sans prénom, vota
en 1789, à Vendôme, dans l'Ordre de la
noblesse pour les Etats-Généraux, avec son
frère Jacques, parmi les gentilhommes ne pos-
sédant pas de fief [2].

6. JEANNE DE BIDERAN. Elle est nommée en 1750
dans le testament de sa tante Marie-Victoire de
Bideran ; elle vivait encore en 1765, et n'était
pas mariée à cette date-là.

Nous ne savons pas ce qu'elle est devenue.

---

(1) Arch. admin. du ministère de la Guerre.

(2) Note de M. de La Vallière.

X

1734-1816.

JACQUES-FRANÇOIS DE BIDERAN, chevalier, seigneur de la Mongie.

Né à Saussignac le 13 janvier 1734, il fut baptisé le lendemain par M. du Rival, curé de cette paroisse [1]. Nommé cornette au régiment des Cuirassiers du Roi, par brevet du 7 juillet 1758, il prit immédiatement part à la guerre d'Allemagne, et fut nommé lieutenant durant cette campagne, le 20 décembre 1758, puis il démissionna le 6 juin 1772 [2] et se fixa à Vendôme.

Etant en garnison dans cette ville, Jacques de Bideran s'y était allié avec **Henriette Bodineau,** fille unique d'Henry-Jacques Bodineau [3], conseiller du Roi en l'Election de Vendôme et de feue Elisabeth du Vivier. Le contrat fut signé devant Lambert et Lorin, notaires, le 3 juin 1765, par les parties, puis du côté de la future, par son père et son cousin-

---

(1) Reg. par. de Saussignac et Carrés de d'Hozier, 92, f. 65.

(2) Arch. admin. du ministère de la Guerre.

(3) La famille Bodineau, honorablement connue en Vendômois, portait : *de sable à une aigle éployée d'argent, armée et becquée de gueules.* Elle possédait la baronnie de Meslay, fut maintenue dans sa noblesse le 21 juin 1707, et a donné un lieutenant-général de l'Artillerie en 1743, en la personne d'Urbain-Pierre-Louis Bodineau, baron de Meslay. (Renseignement de M. Henri de Boisguéret de La Vallière, qui nous a gracieusement fourni des notes extraites de **ses importants dossiers généalogiques.)**

germain Jean-Pierre-Etienne-César Bodineau ;
de celui de l'époux, par son frère François,
lieutenant aux Cuirassiers du Roi, par Fran-
çois-Balthazard comte du Cher, chevalier,
lieutenant-colonel de ce régiment, par J.-C.
de Vimeur, marquis de Rochambeau, bailli
d'épée du duché de Vendôme, gouverneur de
la ville, juge du point d'Honneur, etc. [1].

Le lendemain, 4 juin 1765, en l'église Saint-
Martin de Vendôme, le mariage était bénit par
Pierre Duverdier, prêtre de l'Oratoire. L'acte
de ce mariage est signé, outre les personnes
ci-dessus, par Jean Morin, médecin, Louis et
Martin Tussé et Thérèse Pinel : il y est relaté
que M. de l'Aigle, colonel du régiment de
Jacques de Bideran, avait donné son consentement à cette union le 15 avril précédent [2].

Jacques de Bideran fut appelé, avec un autre
Bideran — probablement son frère François
— à voter comme gentilhomme non possé-
dant fief en Vendômois, à l'Assemblée de la
noblesse de ce duché qui se réunit le 16
mars 1789 [3]. Il semble ne pas être revenu en
Périgord car il décéda à Vendôme, âgé de
82 ans, le 26 juin 1816 [4]. Nous lui connaissons
comme enfants :

(1) Carrés, etc., f. 67.

(2) Nous devons la communication de cet acte à l'obligeance de
M. Guignard de Butteville, qui est allé faire pour nous des
recherches dans les anciens registres paroissiaux de Vendôme.

(3) Note de MM. de La Vallière et Champeval.

(4) Cette date est donnée, nous fait connaître M. de La Vallière,

1. HENRIETTE-SUZANNE DE BIDERAN, née à Vendôme. Elle fut baptisée le 27 janvier 1767 en l'église Saint-Martin de cette ville et fit ses preuves de noblesse, le 14 janvier 1778, devant le Juge d'Armes de France pour être admise à Saint-Cyr [1]. Elle reçut l'habit de novice, le 7 septembre 1784, au couvent de la Virginité, près de Montoire-sur-le-Loir, et fit profession le 19 mars 1787 dans cette abbaye de Bernardines de l'Ordre de Citeaux, fondée en 1220 pour les filles nobles du Vendômois par Jehan de Montoire, comte de Vendôme, et achevée en 1247 par son fils Pierre de Montoire [2].

2. ELISABETH-HENRIETTE DE BIDERAN. Elle fut tenue sur les fonts baptismaux de la Madeleine à Vendôme, le 25 octobre 1772, par J.-B. Donatien de Vimeur comte de Rochambeau, maréchal de camp, et par Anne-Elisabeth Le Febvre de Caumartin, femme de messire P.-J.-F. de La Porte, seigneur de Meslay, conseiller d'Etat [3]. Elle vint, dit-on, habiter Saussignac après la Révolution où elle serait décédée vers 1840 [4].

3. EMILIE-JEANNE DE BIDERAN, baptisée à Vendôme le 28 avril 1774 [5].

par le généalogiste Gédéon de Trémault, qui avait connu M. de Bideran et sa fille la religieuse.

(1) Nouveau d'Hozier, 853, f. 17.

(2) Dossiers de M. de La Vallière, *ut suprà*.

(3 et 5) Dossiers de M. de La Vallière d'après les Registres par. de Vendôme déposés au greffe du tribunal civil.

(4) Renseignements de contemporains. — L'Etat-civil de Saussignac ne donne le décès d'aucun Bideran entre 1821 et 1842.

HUITIÈME BRANCHE.

SEIGNEURS

DE LA FORTONIE.

(PÉRIGORD)

1490-1629.

IV

1490-1565.

Louis de Bideran, écuyer, seigneur de la Fortonie, dernier fils d'Hélie de Bideran et de Rixende de Chaumont (voir p. 45), est l'auteur de la branche de la Fortonie.

Il dut naître en 1490, car il est à présumer qu'il est l'enfant dont était grosse Rixende lors du testament d'Hélie de Bideran, son père. Comme on l'a lu dans l'introduction, la fidélité des Bideran aux puissants sires d'Estissac devait être récompensée par une alliance du sang ; le 10 (*aliàs* 16) janvier 1523 Geoffroy d'Estissac, évêque de Maillezais, traita le mariage de Louis de Bideran avec **Jeanne d'Estissac**, fille de Bertrand, chevalier, baron d'Estissac et de Saussignac, seigneur de Coulonges-les-Royaux, etc., et de

Catherine de Chabot [1]. Le contrat fut retenu par Desbordes, notaire [2].

Nous le trouvons en 1536 au ban de la noblesse du Périgord [3]. Il mourut, ainsi que sa femme avant février 1565, laissant :

1. JEAN DE BIDERAN, l'aîné, chanoine, sous-doyen de l'église de Saint-Hilaire de Poitiers. Il serait décédé en 1586 [4].

2. JEAN DE BIDERAN, le cadet, également chanoine de Poitiers, où il était en 1597 doyen du chapitre. Il fut en outre abbé de la célèbre abbaye de Celles en Poitou ; on le croit du moins, car ni le *Gallia Christiana*, ni G. Lévrier dans son *Historique de l'abbaye de Celles* n'en parlent. S'il eut ce bénéfice, il le dut certainement aux Estissac, dont deux membres en furent abbés de 1516 à 1569.

Le 21 février 1565 il aurait abandonné à son frère Bertrand tout ce qu'il pouvait prétendre sur l'hérédité paternelle et mater-

---

(1) Bertrand d'Estissac avait épousé par contrat du 5 juillet 1506 Catherine de Chabot ; il était fils de Jean de Madaillan, baron d'Estissac et de Marguerite d'Harcourt. Cette illustre maison portait : *palé d'argent et d'azur de six pièces*, et, comme nous l'avons dit, elle s'est fondue dans une branche de la non moins vieille race des Madaillan de Lesparre, éteinte à son tour et substituée dans les La Rochefoucauld. (*Essai généal. sur la Maison d'Estissac*, en préparation par R. de Manthé.) — Jeanne n'est cependant pas nommée dans le testament de son père analysé au *Fonds Périgord*, vol. 132.

(2) Fonds Périg., 146, dossier Larmandie, f. 3, v. — Arch. dép. du Lot-et-Garonne, Fonds Raymond, 42.

(3) Arch. dép. des Basses-Pyrénées, E, 671.

(4) Cabinet de d'Hozier, 1097. — Arch. dép. de la Vienne, sup. E, 150.

nelle. [1] Là encore nous avons des doutes; ou l'abbé de Lespine se trompe de date, ou il faut supprimer le mot « maternelle », car, comme on le verra à l'article concernant Bertrand, Jeanne d'Estissac vivait encore le 11 janvier 1568 (n. s.).

3. BERTRAND DE BIDERAN, qui a continué la postérité.

4. FRANÇOIS DE BIDERAN, que les membres de la *branche de la Martinière* (arguée de faux), donnée en dernier lieu, revendiquent comme leur auteur, et que nous serions davantage disposés à croire auteur de la *branche de Grand-Lac*. Ces Bideran restés en Poitou prétendaient que ledit François était fils *aîné* de Louis de Bideran, or il est formellement dit frère *cadet* de Bertrand dans une transaction qu'il passa avec lui, le 17 juillet 1568. Nous trouverons, dans la suite, bien d'autres inexactitudes dans les prétentions de cette branche poitevine de la Martinière.

V

1565-1614.

BERTRAND DE BIDERAN, écuyer, seigneur de la Fortonie.

Il épousa par contrat portant filiation de père et de mère, et reçu Devigier, notaire royal, au château de Cugnon ou Cunian (?) en Périgord, **Catherine de La Faye**, fille d'Odet de La Faye, écuyer, seigneur de

---

(1) Fonds Périg., 146, *ut suprà*.

Mareuil en Quercy. La date du contrat de mariage est du 14 septembre 1567 [1], et son insinuation en la sénéchaussée de Périgueux, du 5 mai 1568 [2]. (Voir aux *Pièces Justificatives*). Le 11 janvier précédent, Jeanne d'Estissac avait fait abandon à son fils de la moitié de sa dot et de ses acquets. Catherine était sœur de Guy de La Faye, écuyer, co-seigneur de Mareuil et sieur du Traval, qui, en sa qualité de fils d'Odet et d'époux de Marguerite de Loubérie, passa divers actes en 1581 et 1592.

Les preuves de Malte de Marie-Jeanne de Bideran de Saint-Cirq disent qu'Odet de La Faye était seigneur de *Murel*, et non de *Mareuil*, en Quercy. Les deux noms se ressemblent et ont pu être confondus, surtout par les copistes qui ont vu les descendants de Bertrand de Bideran vraiment seigneurs d'un Mareuil. Mais puisqu'à cette époque des Bideran de la Fortonie possédaient le fief de Grand-Lac dans la paroisse de Murel, les preuves de Malte n'auraient-elles pas raison en disant

_____

(1) Cette date est formelle puisqu'elle est exprimée en *lettres* dans l'*insinuation* de l'acte, Si cette insinuation n'avait été découverte par M. de Bellussière, qui nous en a transmis la copie, il eut fallu accepter celle du 14 septembre 1565, puisque cette dernière est donnée au volume 469 du *Cabinet des Titres*, au n° 337 des *Pièces Originales*, au volume 146 du *Fonds Périgord*. Cependant aux *Archives dép. des Bouches-du-Rhône*, H, 608, il y a 1567. Nous supposons que Catherine appartenait à la vieille race chevaleresque des La Faye, du Périgord, qui portait : *de gueules à une croix ancrée d'argent, accompagnée en chef d'un lambel de cinq pendants du même.*

(2) Arch. dép. de la Dord., B, Insinuations, 34 provis.

Murel et non *Mareuil* ? Et Bertrand, ou son
fils, n'auraient-ils pu céder de leurs droits en
Murel, venant des La Faye, au François de
Bideran, premier auteur des Grand-Lac, ou
à son fils, en échange des droits de ce dernier
sur la Fortonie en Périgord, qui resta l'apanage
de Louis de Bideran ? Cependant, comme
nous le disons plus loin en note, Grand-Lac
put venir aux Bideran par les Galard.

Bertrand, comme nous l'avons vu, reçut le
21 février 1565 une donation de son frère
Jean, qualifié dans l'acte d'aumônier de la
collégiale Saint-Hilaire de Poitiers. Le 17
juillet 1568 il transigea avec François, son
frère cadet [1]. Catherine de La Faye, veuve de
Bertrand de Bideran, testa devant Marty,
notaire, le 21 octobre 1616, instituant François, son deuxième fils, et lui substituant
Jean, son troisième [2]. Enfants :

1. Louis de Bideran, qui a continué la filiation.
2. Jeanne de Bideran. Elle s'unit, le 5 octobre 1597,
   à *Jean du Pont*, écuyer, sieur de la Boissière,
   par contrat portant filiation, reçu Delpeuch,
   notaire, qui fut insinué à Périgueux le 12 janvier 1598 [3]. Le 8 juillet 1636 Jeanne de Bideran,

---

(1) Fonds Périg., 146, *ut suprà*.

(2) Id. — Arch. dép. des Bouches-du-Rhône, H, Ordre de Malte,
608.

(3) Arch. dép. de la Dordogne, B, Insinuations, 16, 26, 27
provis. — Du repaire de la Boissière la famille Valleton tire son
surnom de Boissière. Il appartenait dès 1645 à Jean de Valleton,
écuyer, fils d'autre Jean et de Marguerite Gauthier *(Généal. ms.
de Valleton*, par Boisserie de Masmontet.)

veuve, habitant le repaire de la Boissière, paroisse de Liorac, juridiction de Clérans, fit une donation à Louise du Pont, sa fille, femme de noble Antoine du Val, sieur de Fontroque[1].

3. FRANÇOIS DE BIDERAN, auteur de la *branche de Mareuil*, qui suivra.

4. JEAN DE BIDERAN, auteur de la *branche de Saint-Cirq*, qui vient ensuite.

5. MICHEL DE BIDERAN, écuyer, nommé dans le dossier des Archives dép. de la Vienne, mais non au testament de sa mère.

VI

156.-1609.

LOUIS DE BIDERAN, écuyer, seigneur de la Gueyssarie, puis de la Fortonie.

En sa qualité de noble il fut imposé pour 15 francs suivant un livre de compte de la fin du XVIᵉ siècle[2]. Il épousa par contrat du 11 juin 1609, portant filiation et retenu par Dey, notaire royal, **Françoise de Belrieu**, fille de feu Jacques de Belrieu[3], bailli et juge

---

(1) Arch. dép, de la Dordogne, B, Insinuations, 16, 26, 27 provis.

(2) Arch. dép. des B.-Pyrénées, E, 671.

(3) La famille de Belrieu qui a donné des magistrats distingués, dont un président à mortier au parlement de Bordeaux, fut représentée en 1789, à Libourne, à l'Assemblée de la Noblesse. Elle s'est éteinte au commencement de ce siècle dans les familles Bricheau, de Brugière et de Masmontet ; armes : *d'azur au croissant d'argent, issant d'un ruisseau* (rieu) *de même, accompagné en chef de 3 étoiles aussi d'argent.* — Jacques de Belrieu succéda dans leurs charges à son père et à son aïeul, Jean ; Pierre, son fils, lui succéda en 1592.

de Bergerac, et de Marguerite Le Comte, dame de Virazeil et de Tiregan, en présence d'Annibal de Galard-Brassac, et de Guy de La Faye, seigneur de Mareuil, oncle du futur [1].

Louis de Bideran décéda avant 1629, car sa veuve s'était remariée dès cette année-là avec Charles du Bourdieu, écuyer, sieur du Reclaud [2]. Nous lui connaissons pour enfants :

1. JACQUES DE BIDERAN, qui suit.
2. Peut-être MARGUERITE DE BIDERAN, demoiselle de la Fortonie, qui épousa avant 1666 N... *Boyer de la Jarthe* [3].

VII

1629.

JACQUES DE BIDERAN, écuyer, seigneur de la Fortonie.

Il reçut le 1ᵉʳ février 1629 une donation de sa mère [4].

---

(1) Arch. dép. de la Dordogne, B, Insinuations, 36 provis. — Cet Annibal de Galard, qui fit insinuer ce contrat, est qualifié de seigneur de *Groulac* dans la pièce. On peut se demander si ce dernier mot n'est pas mis pour *Granlac*, et s'il n'y aurait pas là l'explication de l'arrivée de ce nom à un membre des Bideran de la Fortonie. La généalogie de Galard, par Noulens, n'indique qu'un seul Annibal de Galard à cette époque, celui qui épousa vers 1560 Catherine de Marsan, baronne de Roquefort, dame de Marsan, et qui de ce fait se fixa dans les Lannes. Or, comme son père François de Galard, époux de Jeanne de Béarn, était baron de Pradeils en Quercy, la supposition est plausible.

(2) Id. 40 provis. — Arch. du chât. de Fayolles.

(3) Cabinet de d'Hozier, 1097.

(4) Arch. dép. de la Dordogne, B, Insinuations, 40 provis.

Nous ignorons s'il se maria; dans tous les cas, il ne paraît pas avoir eu de postérité, car nous voyons, près de cent ans plus tard, les Boyer de La Jarthe, descendants de sa sœur, posséder le domaine de la Fortonie.

Avec lui se serait donc éteinte la branche de la Fortonie qui, selon toutes probabilités, appartenait vers la fin à la Religion réformée, si l'on en juge par les alliances qu'elle a contractées avec les du Pont, les Belrieu et les Boyer de la Jarthe, tous calvinistes.

NEUVIÈME BRANCHE.

SEIGNEURS

DE MAREUIL ET FONT-HAUTE.

(QUERCY ET PÉRIGORD)

1616-1767.

VI.

1616-1637.

FRANÇOIS DE |BIDERAN, écuyer, seigneur de Mareuil, (près de Souillac en Quercy, voir p. 16), deuxième fils de Bertrand de Bideran, de la Fortonie, et de Catherine de La Faye, est l'auteur de la branche de Mareuil, dont nous allons donner superficiellement la filiation faute de documents précis et de dossiers déposés dans des Dépôts publics.

Nous avons vu ci-dessus p. 141 que son père institua François héritier universel, quoiqu'il fut cadet. En 1637 il assistait au mariage de son frère Jean. Il s'allia avant mai 1646 avec **Anne de Vassal**, fille aînée d'Antoine de Vassal, écuyer, seigneur de Rignac et de Françoise de Chauveron [2]. Ils décédèrent avant 1661, ayant eu :

---

(1) Arch. dép. du Lot-et-Garonne, Fonds Raymond, 42.

(2) Cette alliance est donnée sans date : dans la *Généalogie de Vassal*, par Courcelles, dans les Carrés de d'Hozier, 623, f. 143,

1. JOSEPH DE BIDERAN, qui suit.

2. PIERRE DE BIDERAN, dont on ignore la destinée. Il est nommé avec ses frères Joseph et Louis dans le testament de leur grand'mère Françoise de Chauveron, du 5 décembre 1661 [1].

3. LOUIS DE BIDERAN, dont le sort est inconnu.

4. Probablement FRANÇOIS DE BIDERAN, écuyer, seigneur de la Font-Haute, co-seigneur de Mareuil. Il fut maintenu dans sa noblesse en Périgord, lors de la Réformation de 1666-71 [2], et en 1674 nous le voyons convoqué avec les gentilshommes de l'Élection de Sarlat pour le service du ban [3]. Le 23 juin 1666, par devant Pécheyrac, notaire royal, il vendit des rentes sises sur le territoire de Labardenq, à noble Mathurin Chassaing, sieur de Caraval. François de Bideran se fit délivrer par le même notaire, le 3 novembre 1670, une copie de reconnaissances, relatives à ces rentes, faites le 19 janvier 1581 et années suivantes, par Léonard Chassaing, dit Laveyrie, du bourg de Calviac, à Odet et Guy de La Faye, co-seigneurs de Mareuil [4].

---

et dans le Fonds Périg. 172, f. 210. — La Maison de Vassal, qui appartient à la plus ancienne chevalerie du Quercy, s'est répandue en Périgord, Bordelais, Agenais et Rouergue; elle porte : *d'azur à la bande d'argent, remplie de gueules, chargée de 3 besans d'argent, et accompagnée de 2 étoiles de même, une en chef, l'autre en pointe.*

(1) Fonds Périg., 172, f. 211.

(2) Arch. de la famille de Gérard, et dép. de la Gironde. C, 3339.

(3) Id., et tome XVIII des Archives historiques de la Gironde.

(4) Arch. de... Gérard.

VII

1670-17..

Joseph de Bideran, écuyer, seigneur de Mareuil.

Par contrat, portant filiation et retenu par Pébère, notaire à Martel, il se maria, le 29 juillet 1670, avec **Anne de La Gorsse**, fille de Jean de La Gorsse, écuyer, seigneur du Rocq, et de Marie de Laborie. La future apportait 7,000 livres de dot, et Joseph lui offrait en *corbeille* pour 300 livres de bagues et de joyaux [1].

Le 25 mai 1690 Joseph de Bideran fit notifier à Antoine de Gérard, écuyer, seigneur du Barry et de Saint-Quentin, lieutenant-général en la sénéchaussée de Sarlat, qu'il s'était présenté en Quercy et y avait été nommé pour servir au ban et arrière-ban de 1690 [2].

Il décéda avant 1710, car le 27 janvier de cette année-là, sa veuve fit par procureur acte de présentation à Marie de Baillot, dame de Hougadou, supérieure des Dames de la

---

(1) Grosse dans les papiers de MM. Arteil, à Gatignolles. — Nous supposons que cette famille de La Gorsse, ou La Gorce, est la même que celle qui possédait la terre de Gourdon au xvie siècle, alliée aux Aubusson, Laborie, du Pouget, et qui portait : *écartelé aux 1 et 4 d'or au lion de gueules, au 2 d'azur au roc d'échiquier d'argent, au 3 d'azur à l'étoile d'or.*

(2) Note de M. Jouanel.

Foi à Sarlat [1]. Nous leur connaissons comme enfants :

1. Peut-être JACQUES DE BIDERAN, qui continue la descendance.
2. FRANÇOISE DE BIDERAN. Elle naquit au château de Fonnaute, et fut baptisée le 30 octobre 1684, tenue sur les fonts baptismaux par Françoise de La Gorsse, du château du Roc, paroisse de Mareuil [2]. Il est possible que ce soit la même qu'une Françoise de Bideran de Mareuil unie à *Ambroise de Pouzol*, sieur de Lauzière, habitant la Roussie, paroisse de Cazoulès, lequel mourut âgé de 66 ans le 5 mai 1754. Françoise de Bideran décéda elle-même le 8 novembre 1764, et fut ensevelie le lendemain à Cazoulès [3]. De ce mariage sont provenus : *Etienne de Pouzol*, sieur de Lisle, marié à Marie Saulet, mort le 18 février 1773 ; *Marie-Anne de Pouzol*, femme d'Etienne Montet, sieur de la Linguette ; *Françoise de Pouzol*, unie le 30 juillet 1754 à Martin Malbec ; *Ambroise de Pouzol*, décédé à 75 ans, le 13 novembre 1785.
3. SUZANNE DE BIDERAN. Elle épousa par contrat portant filiation, le 12 février 1710 [4], *François*

---

(1) Arch. dép. de la Dordogne, B, 1705.

(2) Arch. dép. de la Dordogne, sup E, Registres par. de Cazoulès.

(3) Reg. par. de Cazoulès. — Ces registres ne remontent à la mairie qu'à 1754, et ceux déposés au greffe de Sarlat se réduisent à 1788 et 1789.

(4) Ceci et ce qui suit, concernant la famille Arteil, provient de ses papiers conservés à Gatignolles, château qui appartenait au xviie siècle à une famille noble de ce nom, et qui échut par

d'Arteil, sieur de Gatignolles, y habitant, paroisse de Peyrac en Quercy, qui testa conjointement avec sa femme le 4 février 1722. Par cet acte ils demandent à être ensevelis dans les églises de Lamothe-Fénélon ou de Peyrac, et que les honneurs funèbres leurs soient rendus selon leurs rang et qualité. Ils font des legs aux Capucins et aux Récollets de Gourdon et nomment leurs enfants dans l'ordre suivant : *Jean-Baptiste d'Arteil de Ladevèze*, qui en 1744 était officier au régiment de Grassein-Dragons. Il avait obtenu au collège de Figeac une des places que Jean de Laborie-Tournier de Vaillac, son trisaïeul maternel, avait fondées au siècle précédent ; *Jeanne; Marguerite; Jean-Alain ; Ambroise ; Jean-François Arteil*. Ce dernier épousa, par contrat du 30 janvier 1754, Marie de Vassal, et leur fils, Pierre, est l'aïeul de M. Léon Arteil, propriétaire actuel du château de Gatignolles.

VIII

1720.

JACQUES DE BIDERAN, écuyer, seigneur de Mareuil et de la Font-Haute.

Il demeurait au château de la Font-Haute.

---

mariage aux Arteil. Il appartient aujourd'huy à M. Léon Arteil, fils d'Étienne et de Mlle Constanty, fils lui-même de Pierre dont la mère était Marie de Vassal. De son mariage avec sa cousine, Mlle Marie Arteil, M. Léon Arteil a deux fils, Paul et Alfred, auxquels nous devons la communication de papiers concernant la famille de Bideran, dont ils s'honorent de descendre.

On peut supposer qu'il est fils de Joseph de Bideran ci-dessus (malgré le peu de documents le concernant,) puisque sa fille Marguerite est assistée, dans son contrat de mariage, par Ambroise de Pouzol, « son oncle », qui avait épousé une Françoise de Bideran, que nous supposons fille du même Joseph. Néanmoins il pourrait être fils de cet autre Joseph de Bideran, mentionné plus loin, marié avec une Bideran : cela expliquerait sa parenté proche avec les Bideran de Grand-Lac. Il s'allia avant 1720 avec **Anne de Miramon** [1].

Tous deux moururent avant 1738, comme il appert des deux actes concernant ceux de leurs enfants qui nous sont connus et que voici :

1. BERNARD DE BIDERAN, écuyer, seigneur ou co-seigneur, de Mareuil. Il naquit après 1719 puisqu'au moment de son mariage il était sous la tutelle de son *oncle* Bernard de Bideran de Grand-Lac qui s'en déchargea sur Charles de Chapon par acte du 5 novembre 1744 [2]. Il appartient bien à ce degré puisque Margue-

---

(1) Nos recherches au sujet de cette alliance sont restées infructueuses. Des Miramont, ou Miremont, du Bas-Limousin, contractèrent, en Sarladais, des alliances avec la famille noble des Milon, et avec la famille bourgeoise des Rodes, à Périllac. — (On trouve à Millac, annexe de Périllac, des Lajugie et des Arteil, dans la bourgeoisie). — On peut donc supposer qu'Anne de Miramon appartenait à cette Maison, dont les armes sont : *de gueules*, ou *d'azur, au lion d'or* ou *d'argent;* le lion est accosté de besans et de bandes suivant différents auteurs.

(2) Note de M. Sorbier d'après les minutes de Desmond.

rite de Bideran, femme de Laurent du Pouget est dite « seule succédante à Bernard de
Bideran, écuyer, *son frère*, habitant en son
vivant à Montignac-le-Comte » [1].

Cependant il ne figure ni au contrat de mariage
de Marguerite de Bideran avec Laurent du
Pouget, de Rignac, ni à la prise de voile de
Marie-Françoise de Bideran, sœur de celle-ci,
filles toutes deux du dit Jacques. Il vendit à
Madame du Pouget sa quote-part de Mareuil
en 1759.

Il s'unit religieusement à Montignac, le 18 février 1744 à *Elisabeth de Chapon*, fille unique de
Charles de Chapon, écuyer, seigneur de Roufflat, et d'Anne de Feitis [2]. Le 9 février 1759,
Bernard de Bideran, habitant de Montignac,
acquit de noble Joseph de Bars écuyer, seigneur
de la Garrigue et de Saint-Vincent, garde du
corps, 130 francs de rente foncière, dont Jean-
Baptiste de Bars, écuyer, seigneur de Saint-
Rome, était caution [3].

Il décéda le 30 août 1759 à Montignac [4], ne
laissant, croit-on, pas d'enfants. Le 2 septembre
sa veuve fit procéder par le notaire Desmond à

---

(1) Note de M. Champeval, d'après les papiers de M. Rupin,
provenant de Cessac.

(2) Reg. par. de Saint-Pierre-de-Montignac. — La famille Chapon est connue depuis le XVIᵉ siècle à Montignac; en 1580 Jean
Chapon était juge de la châtellenie; ses descendants, Hélie, Charles et Jean Chapon, furent anoblis en mai 1654 et confirmés
le 19 août 1659. Armes : *d'argent au chevron d'azur accompagné de
trois pommes de pin de....*

(3) Note du vicomte de Gérard, d'après les Archives de sa
famille.

(4) Reg. par. de Montignac-sur-Vézère.

l'inventaire de ses biens mobiliers[1], sans qu'il y soit question de postérité.

2. MARGUERITE DE BIDERAN. A Cazoulès, le 6 février 1738, Lacroix, notaire royal, passa son contrat filiatif de mariage avec *Laurent du Pouget*, écuyer, seigneur de Rignac, fils de feu Martin du Pouget, écuyer, seigneur de Lagouderie et de Victoire de Dubois[2]. La future était assistée de son oncle, Ambroise de Pouzol, sieur de Lauzière, et de Bernard de Bideran, écuyer, seigneur de Grand-Lac[3]. Il est possible que ce dernier, voisin des du Pouget, — car Murel et Rignac sont proches, — ait été l'instigateur de ce mariage qui amena les du Pouget à la Font-Haute, où ils sont encore.

Laurent du Pouget décéda à la Font-Haute, âgé de 55 ans, le 8 février 1761[4]. Parmi ses enfants, nous citerons : *Marie-Victoire du Pouget* née à Rignac le 23 août 1740, mariée par contrat du 27 janvier 1766 (le mariage religieux fut bénit le lendemain) à Antoine de Jaubert, écuyer, seigneur de Rassiel, fils de noble Pierre-Jean-Baptiste de Jaubert, et de Marthe de Cours[5]. — *Bernard-Laurent du Pouget*, garde du corps, né à Rignac le 6 janvier 1742[6] et qui eut

(1) Note de M. Sorbier et Arch. dép. de la Dordogne, Contrôle de Montignac.

(2) Bernard de Dubois, écuyer, seigneur de Rignac, frère de Victoire, étant mort, en 1727, sans postérité, c'est ainsi que Rignac échut aux du Pouget. (Note de M. l'abbé Loubradou, curé de Rignac.)

(3) Dossiers de M. J.-B. Champeval.

(4) Reg. par. de Cazoulès.

(5) Note du vicomte de Gérard, d'après les Archives de sa famille.

(6) Reg. par. de Rignac. (Note de M. Lajugie.)

comme parrain Bernard de Bideran de Grand-Lac. Il épousa, par contrat portant filiation du 10 février 1774, Marie-Madeleine-Henriette de Canolle, fille de Jean-Baptiste de Canolle, chevalier, seigneur de Canolle et de la Baume, et de Marie-Madeleine-Henriette de Coste de La Calprenède [1]. En 1789 nous le voyons voter avec la noblesse, à Périgueux ; il eut plusieurs garçons et filles.

3. MARIE-FRANÇOISE DE BIDERAN, chanoinesse régulière de l'Ordre de Saint-Augustin, à Cahors. Elle reçut l'habit le 17 février 1738, à l'âge de 18 ans [2]. (Voir aux *Pièces Justificatives*). Il est à remarquer qu'elle signe : « Françoise de Bideran *de Saint-Cirq*, » et que le baron de Bideran de Saint-Cirq qui lui sert de parrain y est dit *son oncle*, alors que le frère de Marie-Françoise avait pour *oncle* et tuteur B. de Bideran de Grand-Lac.

SUJETS NON RATTACHÉS

JOSEPH DE BIDERAN, écuyer, seigneur de Mareuil, mort avant 1699.

Si, à en croire l'Armorial de 1696, il est dictinct de Joseph de Bideran de Mareuil, époux d'Anne de Lagorsse qui vivait à cette époque, on peut supposer qu'il est fils de Pierre, de Louis ou de François de Bideran, enfants de François de Bideran, de Mareuil, et d'Anne de Vassal. Il aurait épousé une

(1) Note de M. Jouanel, d'après les minutes des notaires de Sarlat.

(2) Arch. dép. du Lot, H, 41, f. 4.

parente de son nom, peut-être une Bideran de
Grand-Lac, ce qui le ferait supposer père de
Jacques ci - dessus. Tous les deux ne nous sont
connus que par l'Armorial général de France de 1696
conservé aux *Manuscrits* de la Bibliothèque nationale
(*Registre Guyenne*, f° 559), où il est dit qu'à la date
du 25 février 1699, « N... de Bideran, veuve de
Joseph de Bideran, écuyer, seigneur de Mareil, a
présenté l'armoirie qui porte de gueules à un chasteau, etc. »

ANNE DE BIDERAN. Elle est qualifiée de « fille natu-
turelle du feu seigneur de Bideran, et de Marie Dau-
mière, de la paroisse de Cazoulès, et à présent
habitante du chasteau de Roufflat », dans son acte de
mariage religieux avec Jean Cauchet, fils d'Antoine
Cauchet, et de Jeanne Dezon, habitant du village de
Faugères, paroisse de Bars, le 11 mai 1746 [1]. C'est
sans nul doute une sœur bâtarde de Bernard, et qui
accompagna son frère à Montignac lors du mariage
de ce dernier dans cette ville.

BERNARD DE BIDERAN, écuyer, seigneur de la Font-
haute et de Mareuil. M. Champeval nous assure avoir
trouvé dans les papiers Garderein, à Saint-Sozy,
qu'il vivait en 1767.

---

(1) Reg. par. de Montignac-sur-Vézère. (Communication de
M. Sorbier).

N.. et N... DE BIDERAN. Elles seraient sœurs de
Bernard de Bideran, époux d'Elisabeth Chapon, et
auraient hérité de cette dernière, d'après M. Sorbier,
qui connaît parfaitement tout ce qui a rapport à Montignac. L'une d'elles serait morte fort âgée sans
alliance, l'autre serait décédée laissant ses biens de
Roufflat et de la Fromagie, en Montignac, à son
ancien fiancé, N... de Vassal-Rignac, qui demeurait
à Montignac dès 1779. Mais leur existence n'est pas
prouvée.

DIXIÈME BRANCHE.

BARONS

DE SAINT-CIRQ-LA-POPIE

[(QUERCY)

1616 - 1813.

VI

1616-1648.

JEAN DE BIDERAN, écuyer, quatrième fils de Bertrand de Bideran, seigneur de la Fortonie, et de Catherine de La Faye (voir p. 142), est l'auteur de la branche de Saint-Cirq.

Dès 1616, il servait avec distinction dans les armées royales, car nous le voyons cette année-là pensionné de 1,200 livres [1], pension qui fut portée par Louis XIII à 2,000 livres, le 9 décembre 1635 [2]. Le 8 avril précédent, il avait reçu le brevet de maître de camp de cinq compagnies de « chevau-légers à la Hongroise » [3], récompense de ses services comme capitaine de 50 carabiniers au régiment de France, sous le comte d'Alais.

---

(1) Bibliot. nation., Pièces Originales, 337.

(2) Cabinet de d'Hozier, 1097.

(3) Arch. dép. des Bouches-du-Rhône, H, 608, Malte.

Jean de Bideran se maria deux fois : la première avec **Anne de Tibaut** ou **Libaut** [1], dont il ne parut pas avoir eu d'enfants; la seconde, avec **Françoise d'Olives**, fille d'Antoine d'Olives, avocat à Cahors, et de Françoise Cercany. Le contrat avec cette dernière fut signé devant Faurie, notaire à Cahors, le 30 janvier 1637. François de Bideran, seigneur de Mareuil, y assistait [2].

Jean fit son testament le 18 mai 1648, instituant héritier universel son fils Michel [3], et sa femme, veuve, testa le 26 janvier 1683 [4]. De ce mariage sont provenus à notre connaissance :

1. François-Michel de Bideran, qui continue.

2. Jean de Bideran, écuyer [5].

3. François de Bideran, demeurant à Cahors en 1667.

4. Autre François de Bideran. Il fut maintenu avec ses trois frères dans sa noblesse, par jugement rendu à Montauban, le 22 septembre 1667,

---

(1) Fonds Périg., 146, dossier Larmandie, f. 3, v.

(2) Arch. dép. des Bouches-du-Rhône, etc., et Fonds Périg., 146, etc. — Pour les armoiries des d'Olives on se trouve en présence de deux insertions dans l'Armorial de 1696 concernant l'une et l'autre des prêtres et des magistrats de la généralité de Montauban : 1º *de gueules,* alias *d'azur, à 3 bandes d'or ;* et 2º *d'argent,* alias *d'or, à l'olivier de sinople, au chef d'azur chargé de 3 étoiles d'argent,* alias *d'or.*

(3 et 4) Fonds Périg., 146, etc. — Dossiers bleus, 95. — Cabinet des Titres, 469, p. 234, v.

(5) Cabinet de d'Hozier, 1097.

par le sieur de Lartige, subdélégué de l'intendant Claude Pellot [1].

5. ANNE DE BIDERAN, née et baptisée à Cahors le 25 janvier 1646 [2].

6. CLAUDE-JEANNE DE BIDERAN. Elle fut baptisée dans la même ville le 29 novembre 1649, ayant eu pour parrain noble Christophe d'Hébrard de Saint-Sulpice, remplaçant messire Claude-Antoine d'Hébrard de Saint-Sulpice, et pour marraine Jeanne de Carcavi [3]. Elle épousa vers 1667 *Isaac de Boysson*, dit *Monsieur de Gramont*, président du présidial de Cahors, fils aîné d'Antoine de Boysson, seigneur de Mazevat, et de Pétronille d'Abzac de Laboissière. Un de leurs fils ou petit-fils épousa Marie de Ricard; leur postérité s'est éteinte au commencement de la Révolution [4].

7. Peut-être JEANNE DE BIDERAN, veuve dès 1687 de *François de Vervais*, écuyer, seigneur de Peyrilles, en Quercy [5], car elle fut marraine, en 1670, d'Antoine de Bideran, comme on le verra plus loin.

---

(1) Cabinet de d'Hozier, *ut suprà*.

(2) Bibl. et Arch. municipales de Cahors, Reg. par. de Saint-André. (Renseignement de M. de Roumejoux et de son beau-frère, M. de Flaujac, qui ont eu la gracieuseté de faire à notre intention des recherches dans les Archives dép. et municip. de Cahors.)

(3) Arch. municip. de Cahors. — Il faut peut-être lire Cercany.

(4) Note de M. Richard de Boysson et de son frère, le général de Boysson. — Les Boysson, Boisson, Buisson (ce nom s'étant orthographié de différentes façons) ont des armes parlantes : *d'argent au chevron de gueules, accompagné en chef de deux croissants de même, et en pointe d'un buisson de sinople, au chef d'azur chargé de trois étoiles d'or.*

(5) Nobiliaire universel, par Saint-Allais, XIII, 195.

VII

1648-1703

FRANÇOIS-*MICHEL* DE BIDERAN, chevalier, baron et co-seigneur de Saint-Cirq-la-Popie.

Par contrat, retenu par Geniès, notaire royal à Cahors, le 14 novembre 1665, il s'unit à **Marie de Puniet de la Borderie**, fille de Jean de Puniet, conseiller à la cour des Aides, et de Louise Dadine d'Hauteserre [1]. Deux jugements de maintenue de noblesse le concernent, l'un en 1667, comme on l'a vu à l'article de ses frères, l'autre au 30 avril 1700, rendu par Legendre, intendant à Montauban [2]. Il testa le 28 juillet 1703 [3].

Le 29 octobre 1673, Antoine de Bécave, écuyer, seigneur de Sérignac, de Saint-Cirq et autres places, vendit la seigneurie et la baronnie de Saint-Cirq-la-Popie à Michel de Bideran, pour 19,000 livres, avec les droits, honneurs, rentes, attachés à cette terre et à sa justice. L'acte de vente, qui fut reçu par Saurasac, notaire royal, relate quelques hom-

---

(1) Arch. dép. des Bouches-du-Rhône, *ut suprà.* — Les armes des Puniet ou Pugniet sont : *d'azur à la fasce d'argent accompagnée en chef d'un gantelet de même, et en pointe d'un lion passant d'or.* (Armorial de 1696, Reg. Montauban-Montpellier, 1103.)

(2) Les Dossiers Bleus disent le 10 avril, les Pièces Originales, le 20 avril ; mais le Cabinet des Titres, 469 (Réformation du Quercy, p. 234, v.), donne le jugement avec la date du 30.

(3) Fonds Périg., 146, etc., et Arch. dép. du Lot-et-Garonne, Fonds Raymond, 42.

mages dûs au seigneur de Saint-Cirq, tels que
le serment de fidélité de la part du seigneur de
Geniès, seigneur vassal, le seigneur suzerain
« assis dans une chèze tenant un missel à la
main ». Il est rappelé que le seigneur de
Conduché était obligé d'aller au-devant de la
dame du seigneur de Saint-Cirq, son suzerain,
à son premier avènement, au-dessus de la
porte de la ville, de prendre son cheval par
la bride et de la conduire ainsi au château, et
que par ce moyen le cheval lui appartien-
drait.

Au moyen-âge, Saint-Cirq-la-Popie était
l'apanage de plusieurs familles ; ainsi en
1251 Hugues de la Roche, damoiseau, est
co-seigneur de Saint-Cirq ; trente ans au plus
tard on trouve que noble Soubiran de Gourdon a des droits sur cette ville, dont une
partie appartenait déjà aux Cardaillac (voir
p. 20), alors qu'il y eut jusqu'au commencement du xv⁰ siècle une famille de La
Popie, qui en avait une part. La co-seigneurie
des Cardaillac passa aux Bécave, qui la cédè-
rent peu après aux Bideran. Dans cette co-
seigneurie se trouvaient les ruines du château
bâti sur le roc de « la Popio », et une maison
noble dans la ville. L'autre portion, qui
appartenait aux Hébrard de Saint-Sulpice,
était passée au xviie siècle aux Crussol d'Uzès,
seigneurs de Montsalès, par le mariage de
Claude d'Hébrard avec Emmanuel de Crussol, duc d'Uzès (8 juin 1601).

Le 14 septembre 1675 Galliot de Crussol, marquis de Montsalès, vendit une partie de ses droits, spécialement la rente féodale provenant du fief de la Tour-de-Faure, à Jean-Pierre de Roaldès, avocat à Cahors lequel la recéda le 6 mai 1702 à Pierre Marre de Saint-Martin. Pierre Peyre acheta cette rente en 1720 ; il avait acquis dès 1717 du marquis de Montsalès le reste des droits sur Saint-Cirq, dont le château de Porteroque, et il devint ainsi avec M. de Bideran seul seigneur de Saint-Cirq [1].

Nous verrons plus loin le procès qu'ils eurent au sujet de cette co-seigneurie.

Ce que nous pouvons ajouter, c'est que la co-seigneurie de Saint-Cirq était échue aux Hébrard de Saint-Sulpice, non seulement par le mariage contracté en 1423 par Flotard d'Hébrard, chevalier, seigneur de Saint-Sulpice, baron de la Bastide, de Fortamière, etc. et par Marguerite de Cardaillac Saint-Cirq, comme le dit M. de Laffore dans la généalogie des Hébrard [2], mais probablement aussi par celui du père de Flotard, Arnaud d'Hébrard, qui se qualifie de seigneur de la Popie

---

(1) *Histoire de la ville de Saint-Cirq-la-Popie*, en préparation, par M. A. Dols, notaire à Saint-Cirq. — Nous devons ces détails, comme bien d'autres, à son érudite bienveillance, lors de l'accueil si gracieux qu'il fit à celui d'entre nous, qui alla, en novembre 1895, visiter la curieuse petite ville de Saint-Cirq, pittoresquement placée à pic sur le Lot, et qui a conservé un cachet d'antiquité tout particulier.

(2) *La Maison d'Hébrard*, par J. de Bourrousse de Laffore, I, 98.

après son mariage (vers 1405) avec Marguerite de la Popie, fille et héritière de Guy,
seigneur de la Popie, dont Arnaud et ses descendants portèrent en écartelé les armes : *d'or
à la bande de gueules* [1].

Michel de Bideran rendit hommage au Roi
pour la baronnie de Saint-Cirq le 6 septembre 1694.

Ses enfants sont :

1. JEAN DE BIDERAN, écuyer, baron co-seigneur
   de Saint-Cirq. Il naquit en 1668, fut émancipé
   le 23 octobre 1693 [2], et mourut âgé de 70 ans,
   sans s'être marié, ou du moins sans avoir eu
   d'enfants, le 12 mars 1738. Il fut enterré le
   lendemain dans la chapelle de la Vierge en
   l'église de Saint-Cirq [3].

   Comme on le verra aux *Pièces justificatives*,
   il soutint un long procès avec Pierre Peyre,
   co-seigneur de Saint-Cirq contre la Communauté et les consuls de cette ville, qui leur
   contestaient leurs droits de haute justice, invo-
   quant les *Coutumes et Privilèges* de leur petite
   ville remontant à 1236, etc... Par un arrêt
   du 4 avril 1730, le parlement de Toulouse
   débouta les consuls de leurs prétentions, leur
   concédant seulement la toute justice du *port* et
   du *passage* de Saint-Cirq [4].

---

(1) *La Maison d'Hébrard*, par J.° de Bourrousse de Laffore, I, 64.

(2) Arch. dép. du Lot, B, 224. — Voir aux *Pièces justificatives*.

(3) Reg. par. de Saint-Cirq déposés au greffe du tribunal de
Cahors.

(4) Arch. dép. de la Haute-Garonne, B, 1422, f. 35.

2. ANTOINE DE BIDERAN. Il naquit le 8 juin 1670, et fut baptisé à Cahors le 14 suivant, tenu sur les fonts par Antoine de « Pugnet » de La Borderie, et par Jeanne de Bideran « femme à M. de Peyrille » [1].

3. FRANÇOIS DE BIDERAN. François de Vervais, co-seigneur de Peyrilles, et Jeanne de Puniet furent ses parrain et marraine, lors de son baptême en l'église Saint-André, de Cahors, le 9 octobre 1671 [2]. Ainsi que pour son frère Antoine, nous sommes sans renseignements postérieurs.

4. JEAN-BAPTISTE DE BIDERAN, qui a continué la postérité.

5. MARIE DE BIDERAN. Elle fit donation d'une partie de ses biens, conjointement avec ses sœurs, à son frère Jean-Baptiste en faveur de son mariage [3], ce qui prouve qu'aucune d'elles ne se maria.

6. BENOITE DE BIDERAN, nommée dans la donation ci-dessus.

7. LOUISE DE BIDERAN. Elle naquit vers 1685, puisqu'elle est dite âgée de 80 ans dans l'acte de son décès, survenu le 26 janvier 1765, à Cahors [4].

(1 et 2) Arch. et Bibl. municip. de Cahors, Reg. par. de la ville.

(3) Arch. dép. du Lot, B, 281.

(4) Arch. municip. de Cahors, *ut suprà*.

VIII

1681-1763.

Jean-Baptiste de Bideran, chevalier, baron de Saint-Cirq-la-Popie.

Il dut naître vers 1681 puisqu'il est dit âgé de 72 ans, le 15 janvier 1754, lorsqu'il fut interrogé par les commissaires enquêteurs de l'Ordre de Malte en vue de la réception de Marie-Louis du Garrich d'Uzech [1]. Il était donc très âgé (60 ans) quand il se maria. La mort de son frère aîné, qui dut lui laisser sa fortune, le détermina sans doute à cette résolution, ce qui ne l'empêcha pas de vivre fort vieux, puisque son testament, reçu par Sallelles, notaire, est du 7 mai 1764.

En 1730 il était en procès avec J.-P. Delport, « fabricant de moules à boutons [2]. » (Nous savions que la principale industrie de Saint-Cirq était la fabrication de robinets en bois, nous ignorions celle des moules à boutons.)

Le 25 juin 1741, Augier, notaire royal à Cahors, passa le contrat de mariage filiatif du baron de Saint-Cirq avec **Gabriélle d'Ablanc** (ou **de Dablanc**) **de Labouysse**, fille de noble François de Dablanc, seigneur de Labouysse, et d'Anne Descabasses [3].

---

(1) Arch. du chât. de La Valouze, dossiers généal., cahier 3.

(2) Arch. dép. du Lot, B, 1091.

(3) Arch. dép. des Bouches-du-Rhône, et Fonds Périg., 146,

Le 5 décembre 1784, Louise de Dablanc, patronne et collatrice de la chapellenie de N.-D. de Coels et Vignes (chapelle dans l'église de Saint-Cirq), donna cette chapellenie, vacante par le décès de Jean-Louis Dablanc de Labouysse, curé de Saint-Sauveur, à Joseph de Bideran, son fils, qui en prit possession le 21 décembre suivant [1].

Le 9 août 1778, la baronne de Saint-Cirq avait fait un premier testament mystique nommant ses six enfants, elle en refit un second le 23 décembre 1784 [2], mais ne mourut que vers 1797. Les derniers Bideran de Saint-Cirq furent donc :

1. JEAN-LOUIS-IGNACE DE BIDERAN, baron de Saint-Cirq, Il naquit vers 1744, car il était âgé de 40 ans quand il décéda, sans alliance, à Saint-Cirq, le 9 octobre 1784 [3].

2. JOSEPH DE BIDERAN, qui suit.

3. MARIE DE BIDERAN. Par articles passés au château de Saint-Cirq devant Lagarrigue, notaire, le 29 septembre 1772, elle s'allia avec « Monsieur *Thomas Salgues de Geniès*, fils de feu monsieur Jacques Salgues de Geniès, seigneur

---

ut suprà. — Louis « Dablan, sieur de la Bouisse », écuyer, conseiller au présidial de Cahors, et Jacques Dablan, conseiller secrétaire du Roi, firent enregistrer leurs armes dans l'Armorial de 1696 (Toulouse-Montauban, 1040, 1042), qui sont : *d'or à un pal d'azur, accosté de six mouches de sable, 2, 2 et 2.*

(1) Minutes de Lagarrigue, notaire à Saint-Cirq, dans l'Étude de M. Dols.

(2) Minutes de Lagarrigue, etc.

(3) Reg. par. de Saint-Cirq.

dudit Geniès, paroisse de Saint-Martin-Labouval et de dame Marie Lacaze. » La dot fut
de 4,000 livres [1]. Le mariage religieux fut célébré le même jour en présence de Jean-Pierre
Salgues, médecin, frère de l'époux, de l'abbé
Guiot de Camy, archiprêtre de Saint-Cirq, et de
l'abbé Salgues d'Auglavat. Le futur avait
40 ans, et la future, 29 [2]. Elle décéda en 1793.

4. Autre MARIE DE BIDERAN, appelée MION en
famille.

5. MARGUERITE, en famille MARGOULEN, DE BIDERAN.
Elle fut unie religieusement à Cahors, le
29 juillet 1778, avec noble *Jean-Raymond de
Jeauffreau-Blazac*, fils de noble Gabriel de
Jeauffreau et de Jeanne de Guiscar. L'abbé
Jean-Louis de Dablanc de Labouisse leur donna
la bénédiction nuptiale dans l'église de Notre-
Dame-de-Soubiroux. Jean-Raymond de Jeauf-
freau décéda le 27 août 1783, et Marguerite de
Bideran lui survécut jusqu'en 1819; son acte de
décès, au 19 janvier de cette année-là, la dit
âgé de 66 ans [3].

De ce mariage provinrent trois filles: *Ga-
brielle de Jeauffreau*, mariée à N... du Cluzeau;
Marie de Jeauffreau, femme de Philippe de
Galabert de Lapeyre d'Hautmont; *Catherine de
Jeauffreau*, morte jeune; puis un garçon: *Jean-
Louis-Ignace de Jeauffreau de Blazac*, filleul sans
nul doute de son oncle de Bideran. M. de
Jeauffreau, né en 1782, mort en 1847, n'a laissé
qu'un fils pour continuer son nom: *Jean-Louis-*

(1) Minutes de Lagarrigue, etc.
(2) Reg. par. de Saint-Cirq.
(3) Etat-civil de Puy-l'Évêque (Lot.)

Philippe de Jeauffreau-Blazac, uni en janvier 1847 à Antoinette Chanet et décédé le 28 août 1893, père : 1º de *Gabriel*, mari de Gabrielle Dubois, dont postérité ; 2º d'*Henri*, commissaire de la marine, marié en Périgord à Henriette Jacquinot de Presle ; et 3º de *Marie*, femme de M. Armand Cochy de Moncan [1].

6. MARIE-*JEANNE* DE BIDERAN, dite JEANNETON en famille. Elle naquit et fut baptisée à Saint-Cirq le 25 octobre 1753.

Le 27 septembre 1778, elle fit ses preuves de noblesse pour être reçue religieuse hospitalière de l'Ordre souverain de Saint-Jean de Jérusalem, *vulgo* Malte. Les témoins qui déposèrent devant MM. de Montgey et de Castellan [2], furent : Etienne-Alexandre de Laporte, baron de Larmagol, chevalier d'honneur à la cour des Aides de Montauban ; le vicomte Jean de Corneilhan ; le comte de Cruzy-Marcillac ; J. F. de Pomairol, seigneur de Gramont ; J.-E. de Guilleminet, chevalier ; J. J. E. de Campmas, baron de Saint-Rémy [3]. Jeanne de Bideran fut reçue novice à l'hôpital de Beaulieu le 14 janvier 1779 [4].

Elle se retira à Cahors pendant la Révolution et elle y mourut peu d'années après son frère.

---

(1) Ces détails nous ont été donnés par MM. de Jeauffreau-Blazac, dont les armoiries sont : *d'argent à la bande de gueules*.

(2) Ces noms ne figurent pas dans la liste des Chevaliers de Malte, dressée par Louis de La Roque.

(3) Arch. dép. des Bouches-du-Rhône, H, 608, Malte.

(4) Note de M. Champeval.

IX

175.-1813.

JOSEPH DE BIDERAN DE SAINT-CIRQ, docteur en Sorbonne, chanoine du chapitre de Moissac.

Le 17 février 1776 il était au séminaire Saint-Louis, à Paris ; sa mère, pour lui constituer 100 livres de pension annuelle et viagère à titre clérical, hypothèqua ce jour-là une pièce de terre au territoire de la Conque ; l'acte fut passé en présence de noble Jean de Montagut, lieutenant-colonel d'infanterie, par Lescure, notaire royal apostolique[1]. Dès 1783 Joseph figure avec le titre de chanoine de Moissac, où il résidait ; il avait le droit de boursier au séminaire de Cahors.

Le 20 septembre 1785, par acte passé à Geniès, paroisse de Saint-Martin-Labouval, devant Vedrenne, notaire, le chanoine de Bideran fit donation à sa sœur Marie, femme du seigneur de Geniès (qui fit enregistrer l'acte le 16 décembre suivant), de tous ses biens, consistant en la seigneurie de Saint-Cirq estimée 55,000 livres et en 5,000 livres de valeurs mobilières[2].

Ayant refusé de prêter serment à la consti-

---

(1) Minutes de l'Étude de M. Dols.

(2) Arch. dép. du Lot, B, 325.

tution civile du clergé, son nom figure en l'an v parmi les prêtres réfractaires du Quercy sujets à la déportation[1]. Il avait été porté également sur la liste des Emigrés. Craignant que ses biens ne fussent saisis, une réclamation fut adressée à l'administration du Lot par les enfants héritiers de sa sœur Marie (sa donataire) : Jean-Louis-Amédée, Louis-Marie-Barthélemy et Jeanne Salgues, frères et sœurs, cette dernière épouse de Jacques-Louis Vinel. Sur le vu de certificat de la non-émigration de l'abbé, l'administration, par arrêté du 16 nivôse an VII, déclara Joseph de Bideran déporté et non émigré, et ordonna que ses biens seraient rendus à la famille Salgues de Geniès. Cette dernière vendit alors à des particuliers de Saint-Cirq la plus grande partie de cette fortune.

Le bon chanoine, qui n'avait pas été déporté, ou qui était rentré en France, intenta une action à ses neveux pour être réintégré dans la jouissance de ses biens. Le 5 thermidor an VIII il fut débouté de sa demande ; il allait faire appel quand une transaction intervint le 24 prairial an IX (12 juin 1801) entre lui et les héritiers de sa sœur. Il fut stipulé devant Benèche, notaire à Saint-Cirq, que Joseph de Bideran renoncerait à tous ses biens moyennant 6,000 francs de capital, et une rente annuelle de 750 francs, dont 400 reversibles

---

(1) Note de MM. de Flaujac et de Roumejoux.

sur la tête de sa sœur Jeanne, ex-religieuse, en cas de décès[1].

L'abbé de Bideran hérita de 3.000 francs que lui légua Louise-Marguerite-Antoinette de Rodarel, sa parente, femme de M. de Barrau, par son testament mystique ouvert le 31 août 1803, lendemain de sa mort, à la requête de J.-B. Dufaure de Prouilhac[2].

Joseph de Bideran de Saint-Cirq décéda le 29 septembre 1813[3], ayant laissé le petit capital qui lui restait et la maison qu'il habitait à Cahors, aux enfants de sa sœur, Madame de Jeauffreau.

---

(1) Minutes de l'Étude de M. Dols.

(2) Arch. du chât. du Rocq d'Allas, au comte de La Tour.

(3) Registre nécrologique de l'évêché de Cahors.

✦✦✦

ONZIÈME BRANCHE.

SEIGNEURS

DE GRAND-LAC

(QUERCY)

1568-1800.

Sur cette branche les documents que nous avons eus entre les mains et les renseignements, qui nous ont été obligeamment donnés par diverses personnes, ont été trop peu nombreux pour que nous établissions une filiation suivie et prouvée des seigneurs de Grand-Lac. *M. Sérager, héritier de ces Bideran, n'a pas trouvé dans ses papiers ceux les concernant. Dans un voyage que l'un de nous fit exprès à Martel, il constata que les minutes des notaires de cette ville et que les registres paroissiaux de Murel (où se trouvait Grand-Lac), déposés à la mairie de Martel, ne remontaient pas au delà de 1750. Si l'on voulait faire des recherches ultérieures il serait inutile de consulter ceux des registres paroissiaux de Murel dont le double se trouve au greffe du tribunal de Gourdon, car il n'y a là que les années postérieures à l'an III; il n'y aurait à effectuer ces recherches que dans les minutes des notaires des environs de Martel. La petite sénéchaussée, dont cette ville était le chef-lieu, dépendant de la vicomté de Turenne, ses gentilshommes n'eurent ni à produire lors des Recherches de la noblesse, ni à se présenter aux convocations des bans et arrière-bans. C'est donc encore une source d'informations qui nous a fait défaut.*

V ?

1568?-1618

FRANÇOIS DE BIDERAN, écuyer, seigneur du
Noyer et de la Fortonie [1], est le premier
auteur connu de cette branche.

Nous supposons qu'on peut l'identifier avec
François de Bideran, quatrième fils de Louis
de Bideran, seigneur de la Fortonie, et de
Jeanne d'Estissac. (Voir p. 139.) Ce nom terrien
de la Fortonie est une présomption en faveur de notre supposition. Nous savons que
François, quatrième fils de Louis, fut reven-
diqué par les Bideran du Poitou comme l'auteur de la branche de la Martinière, mais
nous savons aussi combien les documents
fournis à l'appui de leur thèse étaient faux.
En outre ces Bideran donnent à leur François
le fief du Noyer, et justement nous trouvons
les Bideran de Grand-Lac, qualifiés de seigneurs du Noyer.

François de Bideran passa une transaction
avec Bertrand, son frère aîné, le 17 juillet 1568 [2] ; puis il alla se fixer à l'extrémité
nord du Quercy, soit par son mariage, soit
autrement. Il eut le fief du Noyer dans Saint-

---

(1) Nous ne savons s'il s'agit de la Fortonie en Lamonzie-Mon-
tastruc, dont il pouvait avoir la co-seigneurie, ou du fief de
Sarrazac, en Saint-Michel-de-Banières, baptisé *La Fourtonie* en
souvenir du premier. (Voir p. 15.)

(2) Fonds Périg., 146, *ut suprà*.

Michel-de-Banières, consistant en un repaire et en une maison noble, pour lesquels il rendit hommage comme co-seigneur au vicomte de Turenne, le 20 décembre 1600 [1]. Il s'agit certainement de lui dans la transaction de 1597 citée plus loin à propos de François, seigneur de la Martinière, seulement d'Hozier a mis « seigneur du Noyer, demeurant à Saint-Michel *en Touraine* », au lieu de : *en la vicomté de Turenne.*

François de Bideran vivait encore en 1618. D'une femme inconnue il fut, selon toutes probabilités, père du suivant.

VI ?

1629-1660.

GÉRAUD DE BIDERAN, écuyer, seigneur du Noyer, de la Fourtonie, de Vèze, de Grand-Lac, de Sarrazac.

En 1629 il est qualifié de seigneur du Noyer, et en 1638 de « seigneur de la Fourtonie et de Vèze » dans un titre du château de Blanat, puis, en 1651, de seigneur de Grand-Lac, dans

---

(1) Nous devons ce détail à l'obligeance de M. Champeval qui l'a trouvé dans les papiers de Balager à M. Labrunie de Lagirade. Tout ce que nous donnerons ci-après, relativement à cette branche, sans indication de source, provient des notes fournies par notre érudit confrère, extraites de ses dossiers historiques et généalogiques. Sans M. Champeval en effet nous n'aurions eu que peu de chose sur les Bideran de Grand-Lac.

une vente de tènements en Saint-Félix-de-Banières.

L'acte le plus important que nous connaissions est un dénombrement de biens féodaux fourni au Roi par ledit Géraud de Bideran. La procuration, datée du 14 mai 1639, fut reçue par Maturié, notaire à Martel; elle figure aux *Pièces justificatives*. Dans cet acte il est dit demeurer à Grand-Lac, paroisse de Murel, mais il ne s'en qualifie pas de sieur ou seigneur, ce qui semblerait prouver que cette terre ne lui appartenait pas encore; il a pu l'avoir par mariage. Nous avons vu plus haut (p. 143, en note) qu'un Annibal de Galard-Béarn de Brassac, était seigneur de *Groulac*, qu'il était ami, sinon allié, des Bideran de la Fourtonie, et que son père possédait des fiefs en Quercy. Groulac aurait-il été mis pour Grandlac, et dans le cas d'affirmative cette terre serait-elle venue ainsi des Galard aux Bideran ?

Géraud de Bideran vivait encore le 15 janvier 1660, cela ressort du moins d'un règlement de dettes passé le 2 juin 1669 entre Jean de Bideran, fils dudit Géraud, Jean de Maubuissou, écuyer, sieur du Jayle, en Rignac, et noble Marc-Etienne de Conthye, sieur de Poumiers [1].

Le nom de la femme de Géraud de Bideran ne nous est pas connu; il laissa :

---

(1) Arch. du chât. de Copeyre, au baron de Maynard.

1. JEAN DE BIDERAN, qui continue la postérité.
2. Autre JEAN DE BIDERAN, écuyer, sieur de Saint-Jean, reporté plus loin.
3. LOUIS DE BIDERAN, écuyer, sieur de Bonnefon.
4. ISABEAU DE BIDERAN, non mariée en 1669.
5. ANNE DE BIDERAN, épouse de *Jean Barrau*, sieur de Laroque.
6. Autre ISABEAU DE BIDERAN, épouse de *Jean Quinson* dès 1669.
7. Peut être noble LOUIS DE BIDERAN, sieur de la Broquetie, mort avant 1668.

VII

1630-1701.

JEHAN DE BIDERAN, écuyer, seigneur de Grand-Lac.

Il est ainsi qualifié dans un acte de 1630 où on l'indique comme demeurant audit Grand-Lac, mais il devait être bien jeune à cette époque, puisqu'il vivait encore en 1701, il pourrait donc s'agir dans cet acte de 1630 de quelqu'oncle inconnu. En 1665, par conséquent avant l'acte de partage de 1669, il était qualifié de seigneur de Grand-Lac [1].

Héritier universel de son père, il partagea avec ses frères et sœurs, désignés ci-dessus, la fortune paternelle, par acte du 24 février 1669. Il leur abandonnait le domaine noble de

---

[1] Confrontation dans un acte du 28 septembre, aux Arch. du chât. de Copeyre.

Sarrazac, appelé aussi la Fourtonie, sans nul
doute en souvenir du fief périgourdin de ce
nom possédé par ses aïeux.

La concordance des lieux et des temps fait
supposer qu'il fut père ou grand-père du
suivant.

VIII *ou* IX

1677-1754.

BERNARD DE BIDERAN, écuyer, seigneur de
Grand-Lac.

Il ¨naquit vers 1677 puisqu'il avait 77 ans
quand il décéda en 1754. Nous avons vu à la
branche de Mareuil, p. 150, qu'en qualité d'*oncle* il fut tuteur de Bernard de Bideran, marié
à Anne de Chapon. On peut supposer, ou qu'il
était grand-oncle *maternel* du dit Bernard (si
Jacques de Bideran .de Mareuil est fils de
Joseph de Bideran, marié à N... de Bideran),
ou bien que le mot oncle ne fut employé que
pour indiquer la parenté. Nous serions disposés à croire que Bernard de Bideran de Grand-
Lac était frère de la dame de Mareuil.

Bernard possédait dans la ville de Martel
un fief, dont nous n'avons pu retrouver le
nom. Nous donnons aux *Pièces justificatives*
une enquête, à propos d'un procès, relatif à
ce fief, qu'il soutint en 1743 contre Catherine
de Saint-Projet, dame hospitalière de l'Ordre

de Malte, grande prieure de Beaulieu, dont dépendait l'hôpital de Martel[1].

De ce fief pouvait relever certain jardin que Pierre Lavergne, praticien de Martel, reconnut tenir en fief et pagésie perpétuelle d'Anne de Louradour, veuve de M. de Grand-Lac, le 19 mars 1787.

En 1738, Bernard de Bideran assista au mariage de sa cousine (ou petite-nièce) Marguerite de Bideran de Mareuil avec Laurent du Pouget, union à laquelle il avait pu contribuer, (voir p. 152). Il se maria à un âge avancé avec **Anne de Louradour**, née vers 1710, qui avait donc trente ans de moins que son mari, et laquelle décéda, âgée de 80 ans, dans le château de Grand-Lac, — qui tombait alors en ruine, — le 21 mars 1791[2].

Bernard de Bideran fit deux testaments. Par le premier, qui est du 14 août 1752, il institua Jean, son fils aîné, héritier universel. Il laissait à sa femme deux quartons de « mescle » de tous blés, comme pension viagère et viduelle, et vingt quartons de châtaignes. Le second, qui est du 23 avril 1754, fut motivé par la naissance de Catherine, et Bernard de Bideran décéda ce jour-là même, 23 avril 1754, puis fut inhumé en présence de

---

(1) Arch. dép. du Lot, B, 1382.

(2) Reg. par. de Murel, à l'Hôtel-de-Ville de Martel. — Il y avait en Quercy une famille de Louradour, qui portait des armes parlantes : *de gueules, à deux loups affrontés d'or.*

Bernard de Contye, seigneur de Pomiès, son filleul [1].

Il eut comme enfants :

1. JEAN DE BIDERAN, institué héritier universel dans les deux testaments de son père. Il dut mourir tout jeune.[1]

2. BERNARD-LAURENT DE BIDERAN. Né le 19 janvier 1752, il eut pour parrain messire Laurent du Pouget et pour marraine Marie du Pouget [2]. Lui aussi décéda sans alliance ; son père ne lui avait laissé que 1000 livres dans le premier testament et 600 dans le second.

3. LOUISE DE BIDERAN. Dans son premier testament son père lui avait légué 1000 livres, 6 draps, 2 nappes et 24 serviettes ; dans le second il réduisit son legs à 600 livres, à des écuelles et un peu de linge.

   Elle s'allia vers 1770 à *Etienne de Lajugie*, fils d'Hélie de Lajugie conseiller du Roi au présidial de Martel (fils lui-même d'Antoine Lajugie et de Jeanne d'Arcambal) qui avait épousé par contrat du 22 octobre 1741, à Rocamadour, Angélique de Longuet de la Bastidette, fille de noble Jacques de Longuet et d'Anne de Boudoire de Lagarde [3]. Hélie avait

---

(1) Reg. par. de Murel, *ut suprà*. — D'après cet acte, l'inhumation se serait faite à Murel ; M. le curé de Rignac assure cependant avoir trouvé dans les registres de sa paroisse, qu'elle eut lieu à Rignac, mais sans que la date soit donnée.

(2) Reg. par. de Murel, etc.

(3) Papiers de la famille Lajugie, à la Plaigne. — La famille Lajugie, ou de Lajugie, dont il s'agit ici, est très ancienne à Martel et aux environs. Le domaine de la Plaigne, commune de Cuzances, qu'elle possédait il y a plusieurs siècles, appartient

un frère, Thomas de Lajugie, aïeul de MM. Lajugie vivant actuellement, de M. Hélie Leymarie et de Madame Chapelle.

De ce mariage survint, entr'autres enfants
Marie de Lajugie, mariée à N... Arlie, et
Marie-Anne de Lajugie, tenue sur les fonts
baptismaux, le 29 mars 1775, par messire
Jacques de Beaumont, seigneur d'Otis[1]. Cette
dernière mourut en 1857 ayant épousé le
17 février 1814 Pierre Sérager, dont le petit-fils,
M. Jean-Léon-Henri Sérager, est actuellement
le propriétaire de Grand-Lac[2].

Louise de Bideran, devenue sans nul doute
la seule héritière de sa branche, fit un codicille
testamentaire, le 21 ventôse an VIII (12 mars
1809), devant Clusan, notaire à Martel[3]. Ce
n'est cependant qu'en 1824 qu'on liquida sa
succession.

---

encore de nos jours à M. Auguste Lajugie. D'après l'examen de ses
papiers, où nous espérions trouver des documents, et qui nous
furent aimablement présentés par MM. Auguste, Achille et
Martin Lajugie, nous avons constaté qu'elle a donné des procureurs, des notaires royaux, des conseillers au présidial de Martel, etc., et qu'elle s'est alliée avec d'excellentes familles nobles
de la contrée, telles que les d'Estresse, de Laval, de Juge, de
Longuet. Le nom de Lajugie, avec ses formes Judicis et Juge, est
trop répandu dans le Bas-Limousin et les régions limitrophes
pour que nous osions formuler une opinion sur l'origine de ceux-ci,
et assurer que leur appartenait Bertrand Lajugie, greffier de
Millac (paroisse du Périgord peu éloignée de Martel) qui portait
pour armoiries : *de gueules à 3 chiens courants d'argent, l'un sur
l'autre*, d'après l'Armorial Général de 1696, *(Guyenne.)*

(1) Reg. par. de Murel, etc.

(2) Renseignement de M. H. Sérager.

(3) Répertoire à l'Étude de M. Lachèze, à Floirac. (Note du
baron de Maynard.)

4. CATHERINE DE BIDERAN. Née le 12 février 1754, elle décéda le 24 mai suivant [1].

VII *bis*

1669 - 1682.

JEAN DE BIDERAN, écuyer, sieur de Saint-Jean, co-seigneur de la Fourtonie, fils de Géraud, seigneur de Grand-Lac, etc. (Voir p. 175.)

Il partagea en 1669 l'hérédité paternelle avec ses frères et sœurs. Il épousa *Jeanne Lachèze* [2], qui était veuve dès le 11 avril 1682. Nous le supposons père, ou tout au moins oncle, du suivant.

VIII

1719-1750.

JEAN, *aliàs* JEAN-BAPTISTE, DE BIDERAN, écuyer, sieur de la Broquetie (ou la Brequette), de la Fourtonie et de Sarrazac, fiefs dont la possession prouve sans aucun doute qu'il descendait

---

(1) Reg. par. de Murel, etc.

(2) Cette famille La Chèze, ou de La Chièze, a possédé la seigneurie de Murel, et a fourni de nombreux conseillers au présidial de Martel. M. Dast de Boisville nous fait connaître ses armoiries qui sont : parti au 1 *d'azur à cinq bandes d'or, au chef cousu de gueules; au 2 d'azur à la bande d'argent chargée de cinq mouchetures d'hermine posées dans le sens de la bande, accompagnée de deux besans d'or.* Ainsi les portait Pierre-Joseph de La Chèze, seigneur de Muret ou Murel, lieutenant-général de la sénéchaussée de Martel en 1780.

de Géraud de Bideran (voir p. 173), seigneur
des mêmes lieux.

Le 29 avril 1727, il commença à aliéner les
terres patrimoniales situées dans Saint-Michel
et dans Saint-Félix-de-Banières[1] ; en 1737 il
demeurait à Ginès, paroisse de la Chapelle-
aux-Saints (Bas-Limousin), puis il se fixa au
village de la Mazeyrie, paroisse de Nonars
(commune actuelle de la Corrèze), ayant
échangé en 1738 son repaire de Sarrazac ou
La Fortounie, pour certains domaines sis près
de Nonars. Le 16 août 1737 il fut parrain de
Jean-Roc Melon, fils « à messire Anthoine de
Melon, seigneur du Puy, et à damoizelle
Jehanne de la Coste[2] ».

Il épousa avant 1719 **Jeanne-Thérèse Mélon**,
d'une famille de la magistrature de Tulle[3], laquelle décéda, à l'âge de 72 ans, au village du
Peyraux, paroisse du Puy d'Arnac, et fut
inhumée à Nonars le 29 mars 1750[4]. Quant à
la date du décès de son mari il ne nous a pas
été possible de la retrouver. Nous ne leur
connaissons comme descendance que le fils
qui suit.

---

(1) Les registres paroissiaux de ces deux communes du Lot, ne
remontant pas au-delà de 1745, tant aux mairies qu'au greffe du
tribunal de Gourdon, n'ont pu nous fournir aucun détail sur ce
rameau des Bideran.

(2) Registres par. de Lostanges (Corrèze.)

(3) La *Sigillographie du Bas-Limousin*, par MM. de Bosredon et
Rupin indique que les Melon portaient, comme armes, un ou
trois *melons*, mais avec de nombreuses variantes dans les émaux.

(4) Reg. par. de Nonars (Corrèze.)

IX

1719-1800.

ANTOINE DE BIDERAN, écuyer, capitaine au régiment de cavalerie de Marcieu.

Il naquit vers 1719 puisqu'il est dit âgé de 35 ans, le 11 juillet 1754 lors de son mariage avec sa cousine **Marguerite Melon,** fille d'Antoine Melon, seigneur du Puy, ancien officier au régiment de Royale-Artillerie et de Jeanne du Giraudet. Ce mariage qui porte filiation pour les deux parties, fut bénit à Lostanges par l'abbé « Dussohier des Pointours », curé de Saint-Hilaire, la future fut assistée de ses frères, François-Bernard et Hyacinthe Melon. Le père du futur, dans l'acte, est encore qualifié de « sieur de la Broquetie [1]. »

Antoine de Bideran fut parrain, le 30 octobre 1784, d'Antoine Melon, fils de Bernard Melon, seigneur du Puy et de Martiale de Fénis de Laprade. Le 3 novembre 1785 et le 27 février 1787, sa femme fut marraine de Guy et Marie-Claude Melon, enfants de son frère, le même Bernard [2].

Par les Melon, qui habitaient le village du Peuch, en Lostanges, Antoine de Bideran eut des biens dans cette paroisse. Pour la capi-

---

(1) Reg. par. de Lostanges.

(2) Greffe de Brive, Registres de Lostanges.

tation de 1783 ces biens sont taxés à 15^l 7^s 2^d pour un revenu de 400 livres, en 1789 la taxe est réduite à 14^l 14^s [1].

M. de Bideran mourut sans postérité vers 1800, et sa femme, veuve, décéda le 31 janvier 1808 dans la commune de Lostanges [2].

(1) Arch. dép. de la Corrèze, C, 175 (Recherche de M. E. Fage).

(2) Renseignement de M. F. Chapoulie, arrière petit-neveu de Marguerite Melon, dame de Bideran.

DOUZIÈME BRANCHE.

SEIGNEURS

DE LA MARTINIÈRE

(POITOU)

1563-1691.

Le rattachement de cette branche, bien que donné dans le dossier concernant la famille de Bideran, conservé aux Archives départementales de la Vienne (Sup. E, 150, liasse) est argué de faux par d'Hozier (Bibl. nat. Mss., Cabinet de d'Hozier, Bideran, 1097), qui s'appuyait sur ce que les contrats de mariage de 1563 et 1595, présentés lors de la Réformation de 1666-71, avaient été déclarés faux par les commissaires. (Ce qui est imprimé entre guillemets, dans ce qui suit, est de l'écriture même de d'Hozier; nous l'avons tiré de son Cabinet).

Observons d'abord que ce nom de Noyer donné au fief du premier sujet de cette branche, est celui de la seigneurie que possédait en Quercy, près de Turenne, l'auteur de la branche de Grand-Lac, comme on l'a vu plus haut, p. 173. Est-il téméraire de supposer que MM. de Bideran, du Poitou, — qui eurent, il faut le reconnaître, une situation fort honorable dans leur province — voyant au quatrième degré un François de Bideran, sur la descendance duquel on ne savait rien, songèrent à se l'approprier, sans penser qu'on découvrirait un jour où était et qui possédait ce repaire du Noyer? Ne faudrait-il pas plutôt chercher le raccord de ce rameau poitevin soit

dàns Arnaud ou Guillaume de Bideran de Saint-
Surin, fils de Jean et de Marie de Fontbernier (p. 47
et 48), soit dans Ricou, le bâtard de Bardet de Bideran
(p. 45) ?

V ?

1563-1597.

FRANÇOIS DE BIDERAN, écuyer, seigneur du
Noyer, fils (*aîné* est-il dit aux Archives de la
Vienne, ce qui est une première erreur) de
Louis de Bideran, seigneur de la Fortonie,
et de Jeanne d'Estissac, serait l'auteur discuté
de la branche poitevine de la Martinière.

Le 27 mai 1597, il aurait transigé, à Poitiers,
avec Bertrand de Bideran, seigneur de la Fortonie, et Jean de Bideran, le jeune, doyen des
chanoines de Saint-Hilaire de cette ville, au
sujet de la succession de leur frère Jean,
l'aîné, sous-doyen de la même collégiale [1].
Cet acte s'applique non pas à lui, mais au
François de Bideran, auteur de la branche de
Grand-Lac (voir p. 173), car il est mentionné
dans cet accord qu'il demeurait dans Saint-
Michel *en Turenne* (et non *en Touraine,*
comme dit d'Hozier par lecture défectueuse
ou falsification de pièce).

On lui donne pour femme **Marguerite**
d'Alexandrieu, par un faux contrat de ma-

---

[1] Cabinet de d'Hozier, 1097, Bideran.

riage du 2 avril 1563 « par lequel il est dit qu'il est fils de Bertrand de Bideran et de Jeanne d'Estissac, malgré que le mari de cette Jeanne se nommât Louis ». De ce mariage seraient provenus :

1. Louis de Bideran, qui continue.
2. François de Bideran, qui « vivoit l'an 1606 »[1].
3. Pierre de Bideran, marié dès 1606[2].

VI

1597-1639.

Louis de Bideran, sieur de la Martinière.

Il épousa en premières noces, le 1er mai 1597, **Marie Barribaut**[3], fille de Louis Barribaut, seigneur d'Argence, et de Jeanne du Tillet ; « contrat entièrement faux quoi qu'il soit vray que Louis de Bideran ait épousé en premières noces cette Marie Barribaut. » Il s'unit en secondes noces, le 13 août 1624, à **Gilette**, *aliàs* **Gilberte, de Beauregard**, fille de feu Gaspard de Beauregard, écuyer, sieur de Champnoir et de Marguerite du Puis [4].

(1 et 2) Cabinet de d'Hozier, etc.

(3) Le *Dictionnaire historique et généalogique des Familles du Poitou,* par Beauchet-Filleau (2e édition, 1, 524) l'appelle Marie Bourbeau.

(4) Cabinet de d'Hozier, etc., et Arch. dép. de la Vienne, etc. — Il est dit, dans ce dernier dossier que ces Beauregard portent : *de sable, au chevron d'or accompagné de 3 têtes de cigogne d'or* mais Beauchet-Filleau dit que leurs vraies armoiries sont : *d'or à trois têtes de lamproie de sable et une cotice d'azur en bande brochant.*

Louis de Bideran décéda en 1639, ayant eu du premier lit :

1. RENÉ DE BIDERAN, dont l'article suit.
2. RENÉE DE BIDERAN, veuve dès 1642 de *Paul de Létard*, écuyer, sieur de Saint-Pierre [1].
3. MARIE DE BIDERAN, baptisée à Vouneuil-sous-Biard, le 8 septembre 1611 [2].
4. Peut-être MARGUERITE DE BIDERAN, femme dès 1636 d'*Étienne Boynet*, écuyer, seigneur de la Foucaudière [3].

Du deuxième lit est provenu :

5. MAURICE DE BIDERAN, sieur de la Martinière, qui suivra après son frère.

VII

1629-1661.

RENÉ DE BIDERAN, écuyer, seigneur de la (*aliàs* des) Bouchetière.

Il fut maître des Requêtes de la Reine par lettres du 26 avril 1655, reçut le collier de l'Ordre de Saint-Michel, le 26 juillet 1660, et fut nommé conseiller d'État le 26 juillet 1661.

Le 30 décembre 1659, déclaration de la métairie de Communault (paroisse de Gézay, mouvante de la Touche-Gavaret), lui fut

---

(1) Cabinet de d'Hozier, etc.

(2) Arch. dép. de la Vienne, *ut suprà*.

(3) Le *Dictionnaire... des Familles du Poitou* la mentionne sans la rattacher.

rendue par Jean et Blaise Ferré, laboureurs [1].

Son union, contractée le 28 janvier 1629, avec **Anne Foret,** fille de noble homme Jean Foret, sieur des Boësses, demeurant à Poitiers, et de Françoise Le Proust, fut des plus fructueuses, car Anne Foret décéda en 1658 ayant eu onze enfants, savoir [2] :

1. Sébastien de Bideran, sieur de Saint-Tibaud. Lors de la Recherche de la vraie et fausse noblesse de 1666-71, il eut à produire ses titres; « il fut condamné comme roturier par arrêt du Conseil du Roy, rendu l'an 1669, les contrats de mariage de 1563 et de 1597 ayant été déclarés et avérés faux » ainsi que d'autres actes portant que son trisaïeul se prénommait Bertrand, et était fils d'un Jean-Marie de Bideran, marié à une Esther de La Rochefoucauld, qui n'ont jamais existé [3].

2 à 11. François, René, Jean, Charles, Etienne, Marie, Marguerite, Suzanne, Jeanne et Anne de Bideran [4].

VII [bis]

1649-1691.

Maurice de Bideran, seigneur de la Martinière.

Il épousa, le 14 février 1649, **Denise Jau-**

---

(1) Arch. dép. de la Vienne, etc.

(2, 3 et 4) Cabinet de d'Hozier, etc.

donnet, fille de René Jaudonnet, écuyer, seigneur de Roulière, échevin de Tours, secrétaire de la Reine et de Louise Rasteau [1], dont il a eu :

1. FRANÇOIS-RENÉ DE BIDERAN, sieur de la Martinière né à Payroux le 10 août 1651 [2]. Il fut capitaine au régiment de Picardie, et n'était pas « marié en février 1691. » Sans renseignements ultérieurs.

2. MARIE DE BIDERAN, baptisée à Vouneuil-sous-Biard le 13 août 1650 [3]. Elle épousa *René Bonnin*, sieur de Denezé [4].

3. JEANNE, *aliàs* ANTOINETTE, DE BIDERAN, baptisée à Payroux le 11 mars 1655 [5], mariée en 1681 à son oncle *Jacques Jaudonnet*, écuyer, seigneur de Lingrenière, auditeur des Comptes à Nantes [6].

---

(1) Cabinet de d'Hozier. — Le *Dictionnaire des Familles du Poitou*, dit qu'il était échevin de Poitiers.

(2) Reg. par. de Payroux. — Le dossier aux Arch. dép. de la Vienne, dit, par erreur, le 17 août 1659.

(3) *Dictionnaire*, etc.

(4) Arch. dép. de la Vienne, etc.

(5) Reg. par. de Payroux. — La date du 11 mars 1660, donnée aux Arch. dép. de la Vienne, est erronée.

(6) *Dictionnaire*, etc. — Armoiries : *d'azur, à trois coqs d'or, armés, crêtés et becqués de gueules;* une liste des Maintenues de Barentin donne cependant : *d'azur, au chevron d'argent, accompagné de 3 têtes d'aigle arrachées d'or.* (Note de M. Beauchet-Filleau.)

NOMS ISOLÉS.

PEY DE BIDERAN. — En l'année 1308, dans un acte d'accord passé entre noble baron Ayquem Guillem, seigneur de Lesparre, et les habitants d'Astarac et de Cussac, en Médoc, on lit : « ... actum fuit IX^a die exitus februarii, anno Domini millesimo CCC° octavo ; testes sunt Arnaud de Donyssan ; Pey de Bideran, clerc... et jo Joannes dau Prat, notari deu dugat de Guyanna. » (*Dossiers historiques de M. Léo Drouyn*, VIII, 108.)

PIERRE-RAYMOND DE BIDERAN. — « En Per-Ramonet de Bideran » de la paroisse de Morlaas, faisait partie en 1376-1377 de l'armée de Gaston Phœbus (*Rôles de Gaston Phœbus*, publiés par M. Raymond). Il doit probablement s'agir du seigneur de la maison noble de Bideran, en Béarn.

BERNARD DE BIDERAN. — Il reçoit une reconnaissance féodale en 1405 (*Fonds Périgord*, 122, f° 4 ; *Arch. du château de Sainte-*

Alvère). C'est un frère, ou un proche parent, de Garcie-Arnaud de Bideran, du premier degré.

———

FORTON DE BIDERAN. — Dans le *Chartrier de Talleyrand-Périgord*, sur une quittance originale du 15 juillet 1494, cet écuyer est dit capitaine de Chalais. Observons qu'au siècle suivant, Jeanne et Anne de Bideran possédaient des biens dans la châtellenie de Chalais et dans les châtellenies voisines. (Voir p. 53.)

———

FRANÇOISE DE BIDERAN. — Elle épousa, le 2 janvier 1505, par contrat reçu par Griffon, notaire, Antoine Pasquet, écuyer, sieur de las Renaudias, fils de Jean Pasquet, écuyer, sieur de Vaux et d'Abjac, en Limousin, et de Guillemette Audebert *(Note du vicomte de Gérard.)*

———

MARGUERITE DE BIDERAN. — Elle était la femme de Pierre de Grandmont, écuyer, demeurant au village de la Cave, paroisse de Saint-Pierre-de-Monvalent en Quercy. L'abbé de Lespine ne donne pas de date *(Fonds Périgord*, 151, après le dossier 258, p. 2). La proximité de Montvalent avec Martel, peut faire supposer qu'elle appartenait à la branche de Grand-Lac.

—————

ANNE-MARIE DE BIDERAN, née le 31 août 1721.
ANNE DE BIDERAN, née le 3 septembre 1752.
CATHERINE-FRANÇOISE, née le 27 mai 1769.
Elles ne sont citées, toutes les trois, que dans le *Répertoire* des Registres paroissiaux de Castillonnès. Les deux premières appartiennent vraisemblablement à la branche de Fontenelle.

PIÈCES JUSTIFICATIVES

Donation de la seigneurie de Roussille, par Jean de Bretagne, comte de Périgord, à Malrigou de Bideran et à Garcie-Arnaud, son fils.

(Archives départementales des Basses-Pyrénées, E, 847.)

JEHAN DE BRETAIGNE, conte de Penthievre et de Perigort, viconte de Limoges et seigneur d'Avesnes, lieutenent pour Monseigneur le Roy en Guyenne, à tous ceulx qui ces presentes lectres verront et orront, salut. Comme à la réduction de la bille de Bragerac que nous memes en l'obayssance de mondict seigneur avons remise, eussions promis donner nostre chastel, terre et seigneurie de Roussille à leur vie tant seulement, sans riens y retenir..... hommage et souveraineté, eulx faisans francoys et rendant.... la place de Biron, en l'obeyssance de Mondict seigneur le Roy, ainsi que plus a plain est conteneu es articles sur ce, faitz et passes entre nous et led. Maurigon et Guycharnault, son fils. Savoyr faisons à tous presens et advenir que pour ce que led. Maurigon et Guycharnault, son filz, se sont faictz francoys et ont lad. place de Biron mise et reduyte en l'obayssance de mond. seigneur le Roy et nous ont teneu loyalement ce que avoyent promis; en reconnaissance..... à iceulx Malrigon et Guycharnault, son filz, avons donné et octroyé, donnons et octroyons par cesd. presentes

13

nostre dict chastel, terre et chastellanie de Roussille, tant cens, rentes, droitz, devoyrs, molins, garennes, estangs, prés, boys, mesons, coullombiers, justice haulte, moyenne et basse, que autres chouses quelcunques, sans riens y retenir, sauf hommage et souveraineté. Et ce, durant le cours de leur vie, dudit Maurigon et Guycharnault, son filz, tant seulement. Et voulans que eulx et ung chescun d'iceulx en joyssent et usent comme de leur bien propre et propre chouse, sans nul enpechement quelcunque. Mandons à vous sr de La Douze T. (témoin) que de nostre dict don baillez metre en possession et saysine; et comandons aux manans et habitans de lad. terre qu'ilz lui obayssent diligemment comme feroyent à Mondict Seigneur..... Car tel est nostre plasir.

Donné à Segur, le septiesme de may l'an mil cccc sinquante et un. T (témoins) et autres nos officiers..... presens Olivier de Bron, escuyer.....

Collation faicte à Bregues (Bergerac) le vray original aud. Estissac le xeme jour du moys de juillet l'an mil sinq cens en présence de noble homme Gassi-Arnault Giraud.....

(Signature illisible.)

II. — BRANCHE DE LA PONCIE. — 6 NOVEMBRE 1451.

Lettres de Charles VII relatives à une indemnité promise à Malrigou de Bideran, qui avait livré au roi de France les places de Biron et de Montferrand.

(Archives départementales des Basses-Pyrénées, E, 702.)

.CHARLES, par la grace de Dieu, Roy de France, aux seneschaulx d'Agenoys et de Quercy..... ou leurs

lieuctenans. Nostre trés chier et ame cousin, le conte
de Penthieuvre et de Perigort, nous a fait exposer
que apres ce que et par lui et autres........... la
ville de Bragerac fut recouvree et reduicte en nostre
obeissance. Icelluy nostre cousin, adonc nostre
lieuctenant au pais de Guienne, voyans et conside-
rans que... la place de Biron que tenoit et occupoit
lors Maurigon de Bideran, tenans lors le party de
nos anciens (sic) ennemys et adversayres, les anglois,
estoit une très belle et forte place, et eust peu beau-
cop couster a avoir et recouvrer par puissance de
siége, et il estoit et eust peu estre bien domageable
aux habitans de vos seneschaucies et autres pais voi-
sins..... ledit Maurigon, sur la reduction d'icelle
place et de Montferrand en nostre obeissance, par
ladvis de plusieurs gens de Nostre Conseil et autres
seigneurs des pais de vos dictes seneschaucies estans
lors audict Bergerac par lequel et traicte, nostre
cousin comme nostre lieutenant, promist à icelluy
Maurigon de lui paier et bailler dedans certain bref
temps, lors auenir, la somme de mille royaulx et
deux harnois completz. Moiennant laquelle promesse
et appoinctement led. Maurigon a mis en noz main et
obeissance lesdictes places de Biron et de Montferrant et sur ladicte somme de mille royaulx mist sus
avec les autres fraiz....... tant sur les habitans de
vos dictes seneschaucies que autres..... Et combien
que ladicte somme doyt estre payee a nostre dict
cousin, qui en est respondant et oblige par son scelle,
en estre lui et son dict scelle acquité, et que le
terme dedans lequel ladicte somme devoit estre
paiee soit pieca passé, neantmoins, les habitans
desdictes seneschaucies d'Agenois et autres tenuz au
paiement dicelle somme ont contredit et reffuse de
faire icelluy paiement et pour obuier à ce qu'ilz

ne soient contrains, ont les anciens d'iceulx.....
appelé. Soubz ombre duquel appel qu'ils n'ont en-
cores..... neantmoins, qu'il soit venu à la connois-
sance de Nostre dict cousin tenu et obligié et engagé
pour icelle somme et pourroit encore plus estre à
son grand préjudice et dommaige, se par nous n'estoit faict donne provision convenable....... il nous
a fait....... nous requerant icelle pour ce est-il que
nous, ces choses considérées, qui ne voulons le dict
paiement demourer ainsin assoume de nostre dict
cousin et..... icelle sans en être acquicte sous cou-
leu1....... d'icelles somolles, appellons, vous
mandons et comectons par ces présentes.......
ladicte somme avoir este mise sus et imposée pour
ladicte cause et par Nostre ordonnance et commandement. Vous tous, les tenus et contribuables,
à ladicte somme contraintz...... etautres voyes
accoustumées de faire pour nos propres debtes a
paier les tailles et impotz; a quoy ils en ont este
assignez et imposez, selon le contenu..... sur
ce faites..... et lever ladicte somme, et icelle
cueillie et levée..... bailler et deliurer a nostre
dict cousin, ou a son certain commandement, pour
en acquister lui et son dict scelle. Mandons et com-
mettons à tous nos officiers et deputez en ce... faire
obeissance...

Donné à Saint Maixent le sixiesme de novembre
l'an de grace mil cccc cinquante et ung, et de nostre
regne le xxx^{esme}.

Par le Roy, à la requisition de ses gens en son
Grand Conseil.

(Signé à l'original) DANIEL.

III. — BRANCHE DE SAINT-SURIN. — 27 FÉVRIER 1542.

Hommage pour Saint-Surin rendu au baron d'Estissac par Louis de Bideran, où est relatée la donation de 1477.

(Archives du château de Canteranne. — Original en parchemin.)

LOYS D'ESTISSAC, chiualier, seigneur et baron du dict lieu, de Montclar, de Cahuzac, Salcignac[1], Paulhac, Monteson et Cabrasse, sçavoir faisons :

Comme nostre feu ayeul, que Dieu asseulhe (sic), dès le vingt cincquiesme jour de juing, l'an mil quatre cens soixante dix sept, heust anobly, et balhé à noveau fieuf et homaige à feu Jehan de Bideren, escuyer, le repaire et maison noble de Sainct Seurin, avec trente sexterées de terre, comprins en icelles, six sexterées terre par led. de Bideren acquises de Girault Duclaux, le tout situé en la parroisse dud. Sainct Seurin, jurisdiction dud. Cahuzac ; item, plus heust donné aud. feu de Bideren, le droict de directité et fundalité d'une pièce de terre et vigne, par led. de Bideren dud. Duclaux acquis, situés en la parroisse de Sainct Martin, jurisdiction dud. Cahuzac, au tenement du Gontollz, aplain confrontant en l'instrument sur ce faict, passé et receu par maistres Léonard Gregori et Guy Pellete, notaires, soubs le debuoir et homaige d'ung paire de gans blancz, au seigneur et vassal muants, ainsin qu'est et afirme (?)

Apres le deces de nostre dict ayeulh les terres dud. repaire de Sainct Seurin auraient esté mesurees, et y fornire vingt sept sexterées terre, et demy jour-

_____

(1) Saussignac.

nal pré seulement. Et pour fornir cesd. trente sexterées de terre, nostre feu père, que Dieu acceulhe, heust donné aud. de Bideren troys sexterées de terre, scituées en lad. parroisse de Sainct Seurin, jurisdiction dud. Cahuzac, le tout conforme à l'achat[1] receu par maistre Jehan de Farguollis, notaire, en dacte du vingt troiziesme jour d'april, l'an mil quatre cens quatre vingtz neuf. Lequel feu Jehan de Bideren seroit décédé, delaissant aultre Jehan de Bideren, son fils, qui seroit aussi decede, delaissant Loys de Bideren, escuyer, son filz et héritier universel, et luy ayant succede.

Pour ce, aujourd'huy dessoubz escript, led. Loys de Bideren c'est venu presenter a nous pour faire led. homaige et a recogneu tenir de nous, a cause de nostre dicte chastellanye de Cahuzac, à homaige noble, franc, gentilh, led. repaire de Sainct Seurin avec trente sexterées quatre pognerées et demys terre, ensemble le droict de directite et fundalité de la dicte terre et vigne du Gontollz, sauf ce que maistre Jehan Decreze et Bernard Deschamps tiennent en la dicte terre et vigne que le dict de Bideren nous a bailhé en eschange. Et pour ce nous a faict les foys et homaige, et pour raison de ce nous estoit tenu de faire, estant a genoilh, la saincture et esper ostée, la teste descouverte et les mains joinctes ; et nous a pour les dictz debuoirs, desquels debuoirs l'en auons tenus quicte et quictons pour ceste foys, et nous a promis et juré estre bon et loyal vassal, procurer nostre proffict, evicter nostre domaige, sauf nostre dit droict, et toute justice haulte, moienne, basse, impere, semitinpere, exercisse d'icelle et ce que en despend, ensemble le

---

(1) Mot douteux, l'écriture étant effacée.

droict de l'aultruy. Et en tesmoingtz de ce, avons signé les presantes, faict signer par nostre secretaire, et sceller de nous armes.

Donné en nostre chasteau de Cahuzac, le vingt septieme jour de feburier, l'an mil cinq cens quarante deuz, ez presences de noble Jehan Buade, seigneur de Sainct Sernyn et Jehan de Fayolles, seigneur de Puyredon, tesmoingtz.

(Signé) LOYS D'ESTISSAC.

(et plus bas) :

Par commandement de mond. seigneur
RAMBAUD, secrétaire de mond. seigneur.

IV. — BRANCHE DE LA FORTONIE. — 5 MAI 1568.

Insinuation du contrat de mariage passé le 14 septembre 1567 entre Bertrand de Bideran et Catherine de La Faye [1].

(Archives départementales de la Dordogne, B, *Insinuations* non classées de la sénéchaussée de Périgueux.)

Ce jourdhuy cinquiesme may mil cinq cent soixante huit, jud., en la court ordinaire de la sénéchaussée de Périgort pardevant nous, Pierre de Marquessac, escuyer, sieur dud. lieu conseiller du Roy jugemaige et lieutenant général en icelle, a comparu et s'est présenté Me Hervé Eymer procureur de Bertrand de Biderenc, escuyer, sgr de la Fortonnie, lequel en vertu de sa procuration a ce expresse a insinué et publié a tous qu'il appartiendra les

---

(1) Nous devons la découverte et la transcription de cette pièce à M. de Bellussière.

quontract et articles de mariage d'entre led. de Biderenc et Catherine de la Faye, damoyselle, sa femme,
fille naturelle et légitime à Audet de la Faye, escuyer,
seigneur de Mareulh en Quercy, du quatorzième de
septembre mil v^c soixante sept, et pareillement
insinue et accepte respectivement la donation aud.
de Biderenc faite en faveur dud. mariage, par Jehane
d'Estissac, damoyselle sa mère, de la moytié du dot
a elle constitué avec feu Loys de Biderenc, quant
vivait escuyer seigneur de la Fortonnie, son mary,
et de tous les droicts, noms et actions qu'elle
pourrait avoir acquis en lad. maison de la Fortonnie
pendant et durant son mariage et autrement, suivant
le contenu au quontract de lad. donation et avec les
reservations et conditions paurtées aud. quontract du
unzième janvier dernier : le tout recu par de Vigier,
not. royal aud. Quercy. En présence de Me Pierre
Paillet, procureur de lad. d'Estissac, comme de sa
part, en vertu de sa procuration, contenue aud.
quontract de donnation, l'a insinuée, et icelle
acceptée. Desquels et contracts a esté layssé coppie
au greffe de lad. sénéchaussée suivant l'ordonnance.
Dont lesd. parties ont requis et obtenu acte pour leur
servir que de raison.

Faict à Périgueux, lesd. jour, moys et an susd.

V. — BRANCHE DE LA MONGIE. — 3 AVRIL 1573.

Testament à Cahors de Philippe de Bideran, seigneur de la Mongie.

(Bibliothèque nationale. — *Carrés de d'Hozier*, f. 35.)

Au nom de Dieu... scaichent toutz que l'an mil
cinq cens soixante tretze et le tiers jours du mois

d'apvril a Cahors et dans le lotgis de la cloche...
ez présences de moy notaire du roy et de monsieur le duc d'Anjou comte de Quercy soubz
signé et des tesmoingtz soubz signés constitué en
personne noble Phelip de Bydaren escuyer, seigneur
de la Monzie, habitant du lieu de Bourg (sic), juridiction de Saussignac en Payrigord, lequel estant au
lict couché et blessé de son corps... a faict son
testament dernier nuncupatif.. en la forme.. qui
sensuit.. A recommandé ses corps et âme à Dieu et
a voleu et ordonné sond. corps estre ensevely et
sépulturé à l'esglize de la paroisse là ou il décedera..
Item à confirmé à damoyselle Loyse de Beauvois, sa
mère, l'usufruit de ses biens à elle léguez par son
feu pére par son testament... Et veult icelluy testateur que pendant la vie de lad. de Beauvois, François e
de Lacroix, damoizelle sa femme, soit nourrie entre-
tenue pendant qu'elle demeurera en viduité selon l a
faculté de biens d'icelluy testateur derogeant avecque
toute autre donnation qu'il luy pourroit avoir faicte
en faveur de mariage.

Item a donne... icelluy testateur à Martre de
Bydaren, sa sœur, la somme de quinze cens livres
tournoizes à ce inclus le legat a elle faict par sond.
père... Icelluy noble Phelip de Bydaren testateur
susdit en toutz... ses autres biens a faict et institué
son héritier universel et general scavoir est, le
posthume du vendre de sad. femme..; et au cas où
sa femme ne seroit enceinte et led. testateur déceder-
roit sans enfans légitimes, a faict et institue et nomme
son heritier universel et general Godofre de Bydaren
son frère puisné auquel a subztitué Jehan Marye,
son autre frére ; au cas advenant que led. Godofre
décéde sans hoirs légitimes de luy descendantz et
ses hoirs sans enfans légitimes, et ou toutz decede-

roient en la façon que dessus, leur a subztitué lad.
Martre de Bydaren sad. sœur; et ou lad. Martre
decederoit sans hoirs légitimes... a subztitué à lad.
heredite nobles Achylles et Jehan de Bydaren, ses
oncles paternels et les leurs... nommant en outre
icelluy testateur ses exécuteurs testamentaires, Baptiste d'Armouaille [1], maistre de camp général de
l'armée de Monsieur l'admiral de France, et Achylles
de Bydaren son oncle... Sy a prié moy, notaire
royal soubz signé, luy en retenir instrument et
testament... ce que luy ay concédé. Presantz à ce
dessus Noble Jehan de Roault, habitant du lieu de
Saulve-Major, Entre-deux-mers, Noble Pierre de
Pécheval de Caylutz, de Boucte, Pierre Clayrac,
appothicaire de camp, Bernard de Jehan, de la
Monzie, Jehan Restament de la paroisse de Castres,
en Bordelois, Bernard Blanc, marchant; Jehan Bac,
hoste et maistre Helie Barre, chirurgien, dud. Cahors
habitant. Et moy Arnault Rey notaire Royal de
Cahors, qui requis ay reçeu le présent instrument, en
foy de quoy me suis icy signé et led. testateur. —
A. Rey, not. roy.

---

(1) Il s'agit de Baptiste d'Armavaille ou de Larmavaille, dont le
vrai nom était Mondolet, seigneur de Larmavaille, de Grossombre,
de Peyrefus, etc., en Bordelais, voisin sinon parent de Marc de
Bideran, seigneur de Guibon.

VI. — BRANCHE DE LA MONGIE. — 20 OCTOBRE 1603.

Production de Jean-Marie de Bideran devant les Commissaires du Roi chargés de la Recherche des nobles dans le duché de Guyenne.

(Bibliothèque nationale. — *Carrés de d'Hozier*, f. 39 à 42.)

Inventaire des titres et papiers par lesquels Jehan-Marie de Biderent, ecuyer, seigneur de la Montice (sic), prétand justifier sa qualité et extraction de noble, par devant nous, messieurs les députés de Sa Majesté pour la recherche des nobles en le duché de Guyenne ; lesquels titres led. de Biderent remet et produict par devers vous.

Du 20ᵉ octobre 1603.

Premièrement produit le contract de mariage, faict entre noble Helyes de Biderenc, escuyer, fils de noble Amalric de Biderenc et de Marguerite de La Batud, damoyselle, ses père et mère, et Rizilz de Chaumond, damoyselle, femme dud. Helies, dacté du vingtiesme de janvier mil quatre cent septente ung : signé Guydo Pellete, not.

Et pour monstrer que dud. mariage est isseu Bertrand de Biderenc, fils dud. Helyes, produict le testement d'icelluy Helyes, en datte du unziesme febvrier mil quatre cens octante neuf : signé Mathurin Largeaud.

Aussy produict le contract de mariage faict entre ledict Bertrand de Biderenc, escuyer, en segondes nonces et Catherine de Montestène surnommée de Lavédan, damoyselle, en dacte du dix-neufviesme febvrier, mil cinq cens dix-neuf : signé Gassin, secretére, et nother général en Beard ; ensemble la recognoissance du doct reçeu par led. Bertrand de Biderenc de lad. de Lavedan, dacté du seziesme du moys de may mil cinq cens trente quatre, signé des Egaux et Lolméde nothéres, avec certains articles et mémoires bailhées par le Roy de Navarre aud. de Biderenc seigneur de la Montice son maistre d'ostel le tout contenant sa delegation avec une missive dud. sgr signée Henry et plus bas de Pon adressante aud. de la Montice, le tout attaché ensemble.

Et par ce que led. Bertrand de Bideren deceda ab intestat, pour justifier que du mariage d'icelluy Bertrand et de lad. de Lavedan a esté procréé et engendré Allen de Bideren son fils ayné, Achilles, Jehane, Phelipe, Jehan, autre Jehan, Loys de Biderenc ses enfantz et filles, produict le testement de lad. de Montestene de Lavedan en dacte du vingt septiesme may mil cinq cens soixante quatre, signé Peyroux nothère royal ; ensemble certain acte faict par devant monsieur le juge de Saucygnac, contenant la provision de tutteur dud. Allen et autres sesd. frères dessus nommés de la personne de noble messire Jehan de Bideren prieur de la Car et chanoine de sainct Yllére de Poytier, frére germain d'icelluy Bertrand ; le tout attaché ensemble en dacte du vingt sixiesme de septembre mil cinq cens trente six, signé de Puyssaud.

Item produict le contract de mariage faict entre ledict noble Allen de Bideren et Loyse de Beauvoix, damoyzelle, sa femme, en dacte du dix neufviesme de janvier mil cinq cens quarante quatre, signé Serretier, nothére.

Et pour justifier que du mariage dudit noble Allen de Bideren et de lad. Loyse de Beauvoix, damoiselle, sont isseuz et engendrés Philippes, Godeffre, Guillaume et Jehan-Marye de Biderenc, escuyer, à présent vivant, seigneur de la Montzie, Martre, Loyse de Biderenc leurs enfants et filhes qui sont tous deceddés, fort led. Jehan-Marye de Biderenc, produict la coppie du testemant dud. feu noble Allen de Bideren, son pére, escript avec l'acte du compulçoire au pied d'icelly en trois fulhetz de pappier, signé le tout de Limeuilh, lieutenant, de Beaupoil, greffier, et plus bas, Guerrier, nothère royal; en dacte du huictiesme de novembre mil cinq cens soixante deux, reçeu par Peyroux, nothére royal.

Semblablement pour montrer que led. Jehan-Marie de Biderenc a esté déclaré noble et extraict de noble lignée par consequent déclare exant du payemant des frangs phieufz, produict la copie de l'arresté donné en la ville de Perigueux par Monsieur Le Blang, commissaire député par Sa Majesté pour la recherche liquidation des frangz phieufz et nouveaux acquetz, qui a esté vidimé et transcript sur l'original dud. arrest, signé Brolyodie, grefier, et plus bas, Guerrier et Marteau, nothères royaulx, dacté led. arrest du huitiesme may mil cinq cens nonante huict. Ensemble l'attestation faite par led. Jehan-Marye de Bideran escuyer sur son impotance survenue en sa personne, estant au service du feu Roy dernier décédé, que Dieu absolve, en dacte du quatriesme dud. moys de may aud. an signée d'icelluy de Bideren des attestans, de Limeilh nothére royal.

En finalement pour montrer que led. feu Allen de Bideren estoict prins et subject au bang et arriere ban, produict une procuration faicte par icelluy Allen pour son exoyne, ne pouvant comparaitre par devant Messieurs les commissaires a ce députés par

Sa Majesté pour la conduite d'une compagnie de deux centz hommes d'infanterye du feu sieur de Duras, en dacte du unziesme apvrilh mil cinq cens cinquante quatre, signé Bord, nothère.

Et pour la conservation de ses titres cy-dessus invantorizes produict le présent invantére. Adjoutant à ce que dessus pour justifier que led. feu de Bideren estoit maistre d'ostel de feu Henry, Roi de Navarre, produict sa charge que led. feu sieur luy avaict donné pour conferer avec Madame de Nevers, cousine dud. sieur, escript en deux feuilles de pappier signé Henry et plus bais, faictes à Saincts-Germain-en-Laye, le neuviesme de janvier l'an mil cinq cens vingt huict.

Davantage pour montrer que led. feu Bertrand de Bideren estoict durant sa vie pourveu de l'estat de prévost des mareschaulx de France en toutte la duché de Guienne, par le feu Roy François Roy de France, produict sa provision signée dud. sieur et signée plus bas Robertet, en ung feuilhet de pappier donné à Fontenebleau, le quinziesme jour de mars mil cinq cens vingt huict attaché à l'expedition de ses lettres, faictes en parchemin au mois de mars aud. an signée par le Roy, Roubertet avec (etc.)...

Faict ce vingtiesme jour doctobre mil six cens trois.....

VII. — BRANCHE DE GRAND-LAC. — 14 MAI 1638.

Dénombrement fourni par Géraud de Bideran pour ses biens nobles en Quercy.

(Archives départementales du Lot, B, 416.)

Denombrement des biens que noble Geraud de Bideran tien et possede noblement.

Premierement trente cestairées de terre dans la

parroisse des St. Michel et St. Félix, avec une petite maison et grange estans dans led. bien, qui ne peut rapporter en tout vingt cestiers bled, tiers froment, tiers seigle, et tiers aultre bled gros, valant led. sestier l'un portant l'autre quarante sols. Plus huit journals de pred, ou d'environ, sis dans la rivière de St. Michel ou de Sourdoire. Plus dix quartons de bled de rente sans justice. Plus six journals de vignes. Plus ung petit domaine quy a tenant la maison de Granllac, ou il y a un petit bois et une vigne. Le tout ne pouvant rapporter au plus vingt livres quittes, à cause que lesd. possessions et héritages sont situées dans ung pais inculte et infertile.

(Signé) LAFOURTOUNIE.

L'an mil six cens trante huit et le quatorziesme jour du mois de may apprès midy, en la ville de Martel en Quercy...... a esté personnellement constitué Géraud de Bideran, escuyer, sieur del Nouguyé, habitan au chasteau de Granllac, en la parroisse de Murel, lequel de son bon gré..... a constitué son procureur spécial et général...... pour et au nom dud. sieur constituant se presenter en la ville de Cahors, aux fins de representer le denombrement que le dict constituant bailhe des biens par luy tenus et possédés noblement, et autrement gérer et négotier par le dict sieur son procureur tout ce qu'il verra estre à faire....... En presance de noble Jacques Destresses, escuyer, seigneur de Paunac, et maistre Arnaud Judicis, advocat en parlement, habitant aud. Martel, soubzeignés avec led. sieur del Nouguyé et moi :

(Signé) LAFOURTOUNIE, constituant susdit;
DESTRESSES, JUDICIS, presant;
MATURIE, notaire royal.

VIII. — BRANCHE DE SAINT-CIRQ. — 23 OCTOBRE 1693.

Emancipation de Jean de Bideran [1]
(Archives départementales du Lot, B, 224.)

L'an mil six cens quatre vingt treitze, et le vingt troisiesme octobre, dans le consistoire du chateau royal de la Cour de M. le Séneschal de Quercy, à Caors, par devant nous, François de Pousargues, escuyer, conseiller du roy, juge mage, lieutenant général en la seneschaussée et siege présidial de Quercy, auroit compareu noble Michel de Videran, seigneur baron de St. Cirq, acisté de Bessac son procureur. Lequel, considérant que noble Jean de Videran, son fils ayné, agé de vingt cinq ans, est en age de gerer et administrer ses affaires comme personne libre, l'a mis et met hors de sa puissance paternelle et consent qu'il agisse et fasse tous actes dont toute personne libre est capable. De quoy led. Sr de Videran, fils, l'a très humblement remercié, le chapeau à la main, et lui a promis de conserver toujours pour luy le respect qu'il luy doibt. Et pour randre la presente emancipation publique les dites parties nous ont requis d'en faire charger notre registre; ce que leur avons concédé, ouy a ce consantement de Pons advocat en la Cour, en absance de M[rs] les gens du roy. En foi de quoy, les presentes ont été expédiées, signées et scellées à Caors les an et jour susd.

(Signé) POUSARGUES, juge mage lieutenant-général.
PONS, advocat en absence de M[rs] les gens du roy. — BIDERAN. — BIDERAN. — BESSAC.

---

(1) Nous devons la transcription de cette pièce et de la précédente à M. de Flaujac.

IX. — BRANCHE DE FONTENELLE. — 11 JUILLET 1715.

Maintenue de noblesse par l'Intendant de Lamoignon [1]

(Archives du château de Canteranne. — Original en papier.)

GUILLAUME-URBAIN DE LAMOIGNON, chevalier, comte de Launay-Courson, conseillier du roy en ses conseils, maître des Requêtes ordinaires de son hôtel, intendant de justice police finance en la generalité de Bordeaux.

Vu l'assignation donnée devant nous le quatorze septembre 1710 au sieur Jean de Bideran, habitant de la ville de Monflanquin, en Agenais, à la requette de Monsieur François Ferrand chargé par sa Majesté de la recherche des uzurpateurs du titre de Noblesse, poursuite et diligence de Monsieur François Bernard Roche directeur de la dite Recherche, pour représenter les titres en vertu desquels il a pris la qualité de noble et d'écuyer, et à défaut de ces, se voir condamner comme uzurpateur des dites qualités en l'amende de 2000 livres aux restitutions à cause des indues jouissances des privilèges et exemptions aux deux sols pour livre des dites sommes et aux dépends liront conformément à la déclaration du Roy du 4 septembre 1696; notre procès verbal du 10 décembre 1710 concernant l'inventaire et production des titres de nobles Jean et Louis de Bideran écuyers père et fils aux fins d'être déchargés de la dite assignation et en consequence maintenus dans leurs qualités de noble et écuyer et dans les privilè-

---

(1) Nous sommes redevables de la transcription de cette pièce à M. le baron de Bideran.

ges et exemptions attribuées aux gentilshommes du
royaume, au pied du quel procès verbal et inventaire
est notre ordonnance au dit jour 10 décembre 1710
par laquelle nous avons donné acte aux sieurs de
Bideran de la représentation de leurs titres et ordonné qu'ils seraient communiqués au dit Ferrand
poursuite et diligence du dit sieur Roche pour y
fournir de réponse dans huit jours. La réponse du
dit François du 15 janvier 1712 par laquelle après
avoir eu communication des dits titres, il s'en remet
à nous d'ordonner ce que nous trouverons à propos ;
la dite déclaration du Roy du 4 septembre 1696 pour
la Recherche de la noblesse ; les arrêts du conseil
intervenus en conséquence et servant de règlement
pour la dite recherche des 26 février 1697 et
15 mai 1703 ; autre déclaration du Roy du 30 mai 1702
pour continuer la dite recherche ; la nouvelle déclaration de sa Majesté du 16 janvier 1714 enregistrée
en la cour des aides de Guienne le 28 février au dit
an par laquelle le Roy règle le rapport des preuves
de noblesse à celle du centenaire. (Vu) la génalogie
des produisants, le contrat de mariage de Jean de
Bideran, écuyer, avec Jeanne de Chants demoiselle,
au neuf mai 1549 signé Lebrault notaire royal ;
contrat de vente faite par Louis de Bideran ecuyer
seigneur de Saint-Seurin en faveur de noble Jean de
Bideran ecuyer, son frère, du 4 août 1556 retenu par
Dubois notaire royal ; autre contrat de mariage du
dit noble Jean de Bideran seigneur du Cause avec
Anne de Beaumont demoiselle du 17 décembre 1562,
retenu par Vallier notaire royal ; quittance donnée au
dit noble Jean de Bideran écuyer, seigneur de Cause
par François de la Salle écuyer, son gendre, du 4 juin
1567, retenu par Michel notaire royal ; testament et
codicile du dit Jean de Bideran écuyer, seigneur de

Cause, par lequel il dit avoir été marié deux fois savoir : avec demoiselle Anne de Chant en premières noces, et avoir pour enfants Louis et Louise de Bideran, et en secondes noces, avec Anne de Beaumont et avoir pour enfant : Antoine de Bideran qu'il institue son héritier, des 26 novembre 1578 et 9 avril 1585; contrat de mariage de noble Antoine de Bideran écuyer, sieur du Cause, avec demoiselle Jeanne Fayolle, dans lequel il est assisté de la dite de Beaumont sa mère du 26 décembre 1602, retenu par !Aiguille notaire royal, avec l'acte d'insinuation au pied du 20 février 1603 ; autre contrat de mariage du dit noble Antoine de Bideran, écuyer, avec Catherine Merle, retenu par Demartin notaire royal, du 26 mai 1625; Ordonnance de Messieurs de Verthamon et de Gourges, par laquelle ils déchargent noble Antoine de Bideran écuyer, seigneur du Cause, de paiement de la taille attendu sa qualité de noble, en date du 18 mai 1635, signée des dits sieurs de Gourges, de Verthamont et de Martenot greffier ; testament mutuel du dit noble Antoine de Bideran écuyer, seigneur de Cause, et la dite Catherine de Merle, par lequel ils disent avoir|pour enfants Louis et Jean de Bideran, du 7 septembre 1652, retenu par Bourillon notaire royal ; quittance entre les dits Jean et Louis de Bideran écuyers, frères, du 2 septembre 1656, retenu par Bayle notaire royal ; contrat de mariage de noble Jean de Bideran écuyer seigneur de la Fontanelle avec Jeanne Deslias, demoiselle, en date du premier juillet 1663, retenu par Demerens notaire royal; acte fait par Louis de Bideran écuyer, seigneur de Cause, au dit Jean de Bideran, écuyer, sieur de Fontenelle, son frère, retenu par Cruchard notaire royal; police passée entre les dits Jean et Louis de Bideran écuyers, frères, pour le règlement de leurs

droits, du 18 juillet 1664, retenu par Pasquet notaire
royal ; inventaire des titres produits par noble Louis
de Bideran écuyer du sieur du Clause, faisant tant
pour lui que pour Jean de Bideran son frère, devant
monsieur de Pellot en date du 23 novembre 1666,
jugement souverain rendu par le dit sieur de Pellot
avec le nombre de sept officiers gradués, par lequel
il a déchargé le dit Louis de Bideran de l'assignation
à lui donnee pour représenter ses titres du 29 janvier 1667 signée du dit sieur de Pellot et des dits
officiers gradués..... Requète présentée par le dit
Jean de Bideran ecuyer devant le sieur de Labrousse
sub délégué du dit sieur de Pellot aux fins que le dit
jugement fut rendu commun avec lui avec l'ordonnance au pied de ladite requète par laquelle le dit
sieur de la Brousse l'a ordonné du 31 janvier 1667,
signée de Labrousse et l'ample ordonnance de
Monsieur de Bezons par laquelle il a déchargé Louis
de Bideran fils du dit Louis de Bideran, maintenu par
Monsieur de Pellot, de l'assignation à lui donnee
à la requète de Charles de la Tour de Beauval
ci devant chargé de la recherche de la noblesse du
21 août 1697, signé Bazin de Bezon. Contrat de mariage de noble Jean de Bideran écuyer, capitaine au
régiment de la Chastre, un des produisants avec
demoiselle Marie Fournier, dans lequel il se dit fils
de noble Jean de Bideran sieur de Fontenelle, et de
Jeanne Deslias du 29 décembre 1701, retenu par
Lantourne notaire royal ; certificat à justifier des services du dit sieur de Bideran du 20 février 1707 ;
extrait baptistaire de noble Louis de Bideran, autre
produisant à justifier qu'il est fils du dit noble Jean
de Bideran et de la dite Marie Fournier du 15 janvier 1704 dûement légalisé par le juge de Monflanquin et tout considéré :

Nous avons déchargé les dits nobles Jean et Louis de Bideran écuyer, père et fils, de l'assignation donnée devant nous au dit sieur de Bideran père à la requète du sieur Ferrand, et en conséquence les avons maintenus et regardés, maintenons et regardons ensemble, leurs enfants et postérité nés ou à naître en légitime mariage, dans la qualité de noble et d'écuyer, et dans les privilèges, exemptions attribués aux gentilshommes du royaume, tant qu'ils vivront noblement et ne feront des actes dérogeants à la noblesse, attendu qu'ils ont justifié leur noblesse et celle de leurs auteurs depuis et compris l'année 1549. Ordonnons qu'ils seront inscrits au catalogue des nobles de la Sénéchaussée d'Agenois, conformément à la dite réclamation du roi du 4 septembre 1696.

Fait à Bordeaux le onzième jour de juillet 1715.

(Signé) DE LAMOIGNON.

(Et plus bas) Par monseigneur, DUPIN.

X. — BRANCHE DE SAINT-CIRQ. — 4 AVRIL 1730.

Arrêt du parlement de Toulouse donnant gain de cause aux seigneurs de Saint-Cirq contre les syndics de cette ville.

(Archives départementales de la Haute-Garonne, B, *Parlement,* reg. 1429, f. 35 et suiv.)

Mardy quatrieme avril mil sept cent trente, en la Chambre Tournelle, présents Messieurs de Puget, président, Cambolas, Dupuy, Cambon, Courtois, Anceau, Rességuier, Bastard, Devic, Dyèche, Montgazin, et Lombrail rapporteur.

Entre le sieur Pierre Peyre, cosseigneur justicier haut moyen et bas de la seigneurie de Saint Cirq Lapopie, impétrant nos lettres du dix huit mars mil sept cent vingt quatre, pour faire assigner en la dite cour les consuls et communautté du lieu de Saint Cirq Lapopie pour voir maintenir l'exposant au droit de nommer un procureur juridictionel, greffier et sergent.... voir pareillement maintenir l'exposant au droit de nommer et commettre un juge pour administrer la justice, ce faisant faire inhibition auxd. consuls..... comettre ny nommer aucun assesseur, procureur juridictionel..... ny aucun autre officier de justice, à peine de mille livres, nullité cassation de tous les actes..... d'une part. Et lesd. consuls de Saint Cirq Lapopie, assignés..... et défendeurs d'autre. — Entre led. sieur Peyre supliant..... qu'il plaise à la dite cour..... le recevoir..... à demander que conjointement avec noble Jean de Videran, cosseigneur dud. Saint Cirq, il sera maintenu au droit de nommer et établir un juge, lieutenant de juge..... pour exercer à leur nom la justice à tous les justiciables de la Ville de Saint Cirq..... et le faisant déclarer led. juge, et en son absence le lieutenant assesseur des consuls, pour l'exercice de la justice criminelle, avec deffense aux dits consuls..... nommer à l'avenir aucun juge..... à peine de cinq cent livres et de punition corporelle, d'une part. Et lesd. consuls..... d'autre. — Et entre led. noble Jean de Videran, cosseigneur dud. Saint Cirq, suppliant par requête et jugement du 12 mars 1725..... le recevoir..... partie intervenante..... et à demander qu'il sera fait deffenses aux consuls..... de donner aucun trouble au juge, lieutenant, procureur d'office et greffier qui seront nommés par le supliant et led. sieur Peyre, seuls seigneurs dans l'exerciçe de la

justice dud. lieu et terroir de Saint Cirq, qui conti-
nuera d'être exercée au nom du supliant et du sieur
Peyre..... d'une part. Et les dits consuls..... d'autre.
— Entre lesd. consuls..... supliants..... faire
deffenses aux dits sieurs de prendre la qualité de
seigneurs hauts justiciers dud. lieu de Saint Cirq.....
d'une part, et lesd. sieurs déffenseurs d'autre. —
Entre led. sieur Peyre supliant par requête.....
ordonner que lesd. consuls consentiront reconnoissance féodalle..... d'un atterrissement appelé le
Gravier..... d'une part. Et lesd. consuls..... deffen-
deurs et suppliants par requête..... rejetant le
dénombrement fourni par le sieur marquis de Mon-
salès de l'année mil six cent soixante huit, débouter
lesd. sieurs de Videran et Peyre de leurs lettres et
requêtes, avec inhibitions et deffenses tant à eux
qu'à tous autres de donner aucun trouble aux
supliants en la propriété et jouissance de la seigneurie, hautte, moyenne, basse et directe des terroirs
de Soulhols, Salvante, Port et Passage, ny en
l'exercice de la justice civile et criminelle dans le
restant de la juridiction dud. Saint Cirq..... d'autre
part. — Entre lesd. sieurs de Videran et Peyre..... suppliant..... rejeter du procès la transaction du vingt
sept mars mil cinq cent quatre vingts cinq.....
comme des pièces informes et indignes de foy.....
d'une |part. Et lesd. consuls..... d'autre. — Entre
lesd. sieurs..... supliant rejeter..... une prétendue enquête..... faite en 1293, du temps que les
anglois étoient les maistres de la Guyenne et du
Quercy..... adjuger aux suppliants leurs précé-
dentes fins et conclusions:.... d'une part. Et lesd.
consuls....., supliant par requête..... rejettant
l'extrait de la Reconnoissance du 28 octobre 1469.....
les maintenir..... dans la faculté d'exercer la justice

dans led. lieu de Saint Cirq conformément à lad. transaction..... d'autre......

La dite cour: veu le procès plaidé du 22 mars 1725, les susdites nos lettres et les dites Requêtes et ordonnances..... deux extraits de prestation de Serement faits par lesd. consuls des 12 avril 1722 et 17 janvier 1724, arrêt de reglement du 21 avril 1725...... hommage à nous rendu par noble Michel de Videran le 6 septembre 1694, extrait du dénombrement à nous rendu par le sieur Marquis de Montsalés de l'année 1668, hommage rendu par led. sieur Peyre le 1er mars 1725, deux contracts d'achapt de lad. seigneurie de Saint Cirq, faits par led. sieur Michel de Videran et le dit sieur Peyre le 29 octobre 1673, et 9 juillet 1717..... deux dénombrements rendus à nous par lesd. de Videran et Peyre les 22 et 23 février 1726, acte de prestation de serment desd. consuls entre les mains des seigneurs du 27 janvier 1585, extrait du dénombrement rendu par les sieurs de Cardailhac et de Saint Sulpice de l'année 1503..... extraits de transaction..... de jugement..... (etc.)..... Extrait fait partie appelée des coutumes et privilèges de Saint Cirq des années 1236, 1290, 1501..... denombrements rendus par lesd. consuls..... extrait de dénombrement rendu par le sieur Jacques de Cardaillac de l'année 1503..... La Cour disant droit aux parties rejette du procès les trois extraits de la transaction 1585..... démet lesd. consuls de la rèjection du dénombrement de 1668..... Sans avoir égard aux fins de non valoir et de non recevoir des dits consuls, a maintenu et maintient lesd. de Videran et Peyre en la qualitté de seigneurs hauts justiciers de la dite terre et seigneurie de Saint Cirq Lapopie, à l'exception néanmoins du Port et du Passage de Saint Cirq et des bois de Soulhols

et Salvaute, et maintient les dits..... au droit de
nommer et commettre un juge, un lieutenant de
juge, un procureur d'office, greffier sergent..... et
a ordonné que led. juge..... sera pris pour assesseur
en l'exercice de la justice criminelle dans les cas où
les dits consuls ne seront pas de la qualité requise
pour l'exercer eux-même..... La dite cour.....
maintient lesd. consuls..... en la pleine propriété
et en toute justice, haute, moyenne et basse du Port
et passage de Saint Cirq..... a condamné lesd. consuls..... au quart des depans envers led. de Videran
et Peyre la taxe réservée, les autres trois quarts des
dits dépens demeurant compensés.

(Signé) PUGET. — LOMBRAIL.

XI. — BRANCHE DE MAREUIL. — FÉVRIER 1738.

*Actes concernant l'entrée en religion, comme cha-
noinesse régulière de Saint Augustin, de Marie-
Françoise de Bideran.*

(Archives départementales du Lot, H, 41, f. 4.)

Acte capitulère de reception de Mademoiselle
Marie-Françoise de Bideran.

Ce trois fevrier mille sept cents trante huit estan
capitulèrement assamblées selon la coutume au son
de la cloche, la révérende mère de St André de
Gastré supérieure et assistée des autres religieuses...
a représanté que lad. demoiselle Marie Françoise de
Bideran fille à feu messire noble Jaques de Bideran
de Marel et à feu dame Marie de Miramon, mariés,
de la paroisse de Cazoules, a demandé l'habit de
religieuse depuis trois mois... A été délibéré...

quelle seret revetue du saint habit de la religion pour
être sœur de cœurs... *(Signé)* Sr Françoise de St
André de Gastré supérieure. — Sr Catherine de
St Jean de Labouisse, vicaire. — Sr Iann de St Am-
broise de Belbezé. — Sr Marie de Lestrade de
Ste Madelène, discrète (etc)...

... Le dix set fevrier mille sept cents trant huit
lad. demoiselle Marie Françoise de Bideran fille...
âgée de dix huit ans... après avoir été examinée
par M. Baudus, vicaire général... a été revêtue du
saint habit de notre Ordre par Monsieur de Peyrilles
grand archidiacre. Monsieur de Bideran baron de
(St) Cirq, oncle de lad. demoiselle, ayant été parin ;
Madame Gualiote de Prouillac, épouse de Monsieur
de Castellaroque, marine... *(Signé)* Sœur Françoise
de St Cirq de Bideran (sic). — Galliote de Prouliac. —
Bideran St Cirq. — Bideran. — Le Chevalier de
Preniac. — L. Boyer. — Sœur Fr. de St André
de Gastré, supérieure, (etc)...

XII. — BRANCHE DE GRAND-LAC. — 8 DÉCEMBRE 1743.

*Enquête relative à un procès entre les Dames de l'Or-
dre de Malte et Bernard de Bideran.*

(Archives départementales du Lot, B, 1382.)

Ce jourd'huy huitieme dexembre mil sept cens
quarante trois pardevant nous Antoine de Leymarie...
lieutenant particulier... au siège de Martel, a comparu
Antoine Cambelle procureur... de dame Catherine
de St-Projet, grande prieure de l'Hopital Baulieu,
Ordre St Jean de Jérusalem, prieure de Borboroux,
...qui nous a dit que par sa sentence... du 18 aout

1742 entre lad. dame, Jeanne de Rongières, et noble
Bernard de Bideran seigneur de Granlat, il aurait été
ordonné qu'il serait fait application des titres res-
pectifs sur la maison dont s'agit... Lad. dame auroit
assigné led. sieur de Granlat et lad. Rongières à
comparoir ce jourd'huy... Led. Tombelle requiert
qu'il nous plaise nous transporter sur les lieux... Sur
quoy nous lieutenant... et rapporteur susdit avons
donné acte aux procureurs des parties de leur com-
parution... et ordonnons que nous nous transporte-
rons... sur la maison dont s'agit, sittuée en la
présente ville es rüe de la Vraye Croix et Pourtanel.
(Suivent les confrontations). Il ne peut y avoir de
difficulté qu'elle ne soit de la mouvance de lad.
dame (prieure) sous la rente réglée... Led. Lachièze,
procureur du Sr de Granlac, dit qu'il est facile de
consilier toutes les contestations des parties, en
observant en premier lieu qu'il est apparent que
suivant l'inventaire produit au procès par sa partie
en dacte du 21e février 1472, la première chambre de
la maison de Jeanne Rongières, épouse Bernard
Vergnes, est le fief du sieur de Granlac, puisque les
confrontations dud. arrentement sont deux rües
publiques... C'est par erreur que lad. dame fit
englober le fief dud. sieur de Granlac dans une
reconnaissance du 18e avril 1654... *(Le procureur de
Mme de St-Projet réplique en contestant)*... Tous lesquels dires et réquisitions nous, lieutenant assesseur... concédons acte aux parties... et du tout nous
avons dressé notre procès verbal... pour servir et
valoir que de raison...

(Signé) LEYMARIE, lieutenant (etc...)

VIALLETTE, pour le greffier.

ADDITIONS ET CORRECTIONS

Page 6, ligne 13. — Au lieu de *outrle e*, lire *outre le*.

Page 9. — L'*Armorial du Périgord* (ii, 389), nous fait connaître la *Devise* de la famille de Bideran, ignorée de ses représentants actuels quand commença l'impression de cette généalogie. La voici avec la traduction donnée par M. de Froidefond : *Nam robur juvenum est consiliumque senum.* — On demande la force à la jeunesse et les conseils à la vieillesse.

Page 12. — *La Broquettie.* M. Champeval croit que ce fief était dans Saint-Félix-de-Banières (Lot) ; nous serions disposés à l'identifier avec le village de *Labrequette*, dans Saint-Michel-de-Banières (Lot.)

Page 14. — *Article Font-Haute.* Marguerite de Bideran n'était pas fille de Bernard de Bideran. (Voir p. 152.)

Page 21. — *Saint-Surin.* Ce fief n'était pas dans l'ancienne paroisse de Saint-Martin-de-Cahuzac, mais il formait une paroisse distincte, avec haute, moyenne et basse justice, ainsi que cela est prouvé par la *Pièce justificative* n° iii.

Page 25, renvoi n° 2. — Au lieu de *notes*, lire *dates*.

Page 33, note 2, ligne 6. — Une lettre tombée au tirage fait dire *Lafût* au lieu de *Lafûte*.

Page 36. — *Garcie-Arnaud de Bideran* ayant eu des difficultés avec l'évêque de Sarlat, commit quelques excès, et fut, pour ce fait, mis en prison à Bordeaux (ce qui arrivait aux meilleurs gentilshommes lors de ces époques troublées). Le 27 février 1467, il fut élargi sous la caution de 500 livres tournois, fournies par Pierre de Labrosse, et il élut domicile « en l'ostel de maistre Etienne Basset, son procureur. » *(Note de M. de Boisville d'après les arrêts du parlement de Bordeaux*, B, 1 bis.)

Page 39. — Les *Mensignac* dont il est question à cette page sont *La Porte*, de leur nom patronymique. Voir *Saint-Allais*, xvii, *verbo* Faubournet.

Page 45, ligne 21. — Au lieu de *La Car*, lire *la Carte*, prieuré dépendant de l'abbaye de Celles.

Page 47, ligne 17. — Au lieu de *Soulhieure*, lire *Soulièvre*.

Page 57, lignes 7 et 8. — Il faut supprimer une de ces deux *Jeanne de Bideran*, elle est mentionnée sous le n° 1 de la page 55, dernière ligne. L'une d'elles épousa, par contrat portant filiation du 16 octobre 1603, et passé en la maison noble de Péchanet, paroisse de Montmarvès, juridiction d'Issigeac, *Guy de Custojoul*, fils de Pierre de Custojoul, receveur pour le Roi des deniers du diocèse de Sarlat, et de Monde de Chassaing. Il fut convenu par cet acte que le mariage ne serait célébré que dans six ans plus tard et que Guy continuerait ses études. *(Note du baron de*

*Lanauze, d'après les Arch. dép. du Lot-et-Garonne,
B, 34, f. 66.)*

Page 60, ligne 8 et note 1. — C'est par erreur que
la décharge en tant que noble d'extraction est indiquée comme donnée à *Louis de Bideran*, à Agen,
le 23 novembre 1666, et comme se trouvant aux
Archives à Canteranne. La décharge, conservée au
chartrier de ce château — et qui effectivement est de
cette date, — fut donnée à Sarlat, par le subdélégué
de l'Intendant, à autre *Louis de Bideran*, sieur de
Cause, du VIIIe degré (p. 83.) Aussi n'avons-nous pas
fait figurer aux *Pièces justificatives* cette décharge,
puisque, concernant la branche de Cause au lieu de
celle de Saint-Surin, elle eut fait double emploi
avec le jugement de maintenue de 1715, plus com-
plet que la décharge de 1666.

Page 86, ligne 16. — *Louis de Bideran* testa devant
Cantal, notaire, le 29 mai 1694. *(Carrés de d'Hozier,
f. 86.)*

Page 86, lignes 24 et 25.— Une de ces deux *Marie
de Bideran* épousa par contrat portant filiation, reçu
le 18 septembre 1696 par de Salvan, notaire royal,
Jean-Claude Boyer, écuyer, sieur de Cabensac, fils
des feus François Boyer et Catherine du Célier, habitant Moncuq en Quercy *(Note du baron de Lanauze,
d'après la minute en l'Etude de M. Lartigue, à Castillonnès.)*

Page 87, ligne 20. — Le mariage de *Louis de Bideran* et de *Marie de Galaup* fut célébré à Castelnaud
(en Sarladais), le 12 avril 1693 *(Note de M. Jouanel
d'après les Reg. par. de Castelnaud.)*

Page 88, ligne 9. — *Marie de Bideran* épousa *Jean de Guion*, écuyer, seigneur de Bellevée. Elle avait deux sœurs, l'une, *Louise*, l'autre, *Marie* dite demoiselle de Grangeneuve, qui décédèrent toutes les deux, *sans alliance*, avant le 6 novembre 1719, date d'un acte passé entre Louis de Bideran et Jean de Guion, son beau-frère. (*Carrés de d'Hozier*, f. 84). Ainsi *Louise*, *Jeanne* et *Anne* de Bideran, portées à cette page, sous les numéros d'ordre 3, 4 et 5, n'appartiennent pas à ce degré, les *Carrés* aux f. 86 et 87 les placent au degré précédent; elles doivent donc figurer page 86 comme filles du Louis de Bideran qui épousa Louise d'Hélias.

Page 101, renvoi n° 2. — D'après une note du n° 42 du *Fonds Raymond* aux Arch. du Lot-et-Garonne, le vrai nom de la famille de La Bastide serait *Le Couët*, et ses armes : *d'azur au croissant d'argent accompagné de trois étoiles de même.*

Page 107. — *Jean-Baptiste de Bideran de Fontenelle*, figure sur la liste des *Emigrés*, déposée aux Arch. dép. du Lot-et-Garonne.

Page 109. — *Marc de Bideran*, seigneur de Guibon, testa en 1579 devant Gay, notaire à Bordeaux. La minute du testament manque, mais la mention en est faite au f. 31 du *Répertoire des familles nobles au XVI*e *siècle*, conservé aux Arch. dép. de la Gironde.

Page 111. — Les *Archives du Grand Séminaire d'Auch*, sous la cote 3620, nous apprennent que *Bertrand de Bideran*, en sa qualité de prévôt des Maréchaux de France au duché de Guyenne, avait

fait emprisonner, condamner à mort et vraisemblablement trancher la tête à un gentilhomme nommé
Verdun. Mais Marie de Pellegrue, mère dudit Verdun, fille du seigneur de Puy-Gensac, cadet de
la Maison d'Eymet, attaqua B. de Bideran devant le
parlement de Bordeaux, avec une telle violence que
ce seigneur adressa, le 23 octobre 1533 une requête
au roi qui la renvoya au Gens tenant son Grand-
Conseil. Dans cette requête il récusait le seigneur de
Lanta, conseiller au parlement de Bordeaux, comme
étant cousin-germain du seigneur de Luzech, oncle
maternel dudit Verdun, lequel Lanta avait menacé
B. de Bideran de le faire « pendre et estrangler » s'il
passait en jugement devant lui. Il récusait également
le seigneur [de Rabar et les présidents François de
Belrieu et Jean de Rochemont, proches parents du
sieur de La Baume, fils d'une sœur de la mère
dud. Verdun, qui avaient dit que le requérant méri-
tait la mort.

Page 112, notes de renvoi. — Les deux dernières
notes, numérotées 1 et 2, doivent porter 3 et 4.

Page 115, ligne 12. — *Jehanne de Bideran* épousa
un *Jehan de Beaupoil*, inconnu, comme on l'a vu,
des généalogistes. Elle se remaria avec *François
Albert*, dit *La Goue*. Du premier lit elle eut *Catherine de Beaupoil*, dame de Mensignac, mariée par
contrat du 28 septembre 1563 à François de Lavardac, chevalier, seigneur d'Aisières, frère de noble
Jean de Lavardac, protonotaire apostolique. Dans
cet acte, signé par nobles Jean de Bideran, de Saussignac, et Oger de Pardaillan, Catherine est dite
demi-sœur des enfants de F. Albert et de Jehanne
de Bideran. (*Arch. du G. Séminaire d'Auch*, 2941.)

Page 118, renvoi n° 2. — Le *folio* des *Carrés de d'Hozier* est 35 et non 77.

Page 139, dernière ligne. — *Odet de La Faye* n'était que co-seigneur de Mareuil, il avait un frère, Michel de La Faye, qui se qualifiait de seigneur de Mareuil le 4 mai 1539 dans le contrat de mariage de sa fille, Catherine, avec noble François de Malcap, seigneur de La Faurie, auteur prouvé de la famille de Lafaurie de Monbadon, dont la généalogie, donnée au tome II du *Nobiliaire de Guyenne*, par O'Gilvy, est absolument erronée. *(Arch. du Grand Séminaire d'Auch*, 12491.)

Page 140, ligne 11. — Au lieu de *Loubérie*, lire *Loubrérie*, aliàs *La Loubrérie*.

Page 147, dernière ligne. — Au lieu de *Logadou*, lire *Hougadou*.

Page 160, lignes 16 et 17. — Au lieu de *trente ans au plus tard*, lire *trente ans plus tard*.

Page 5, ligne 26. — Au lieu de *duc de Penthièvre*, lire *comte de Penthièvre*.

Page 22, ligne 4. — *Salevert* ou *Sallavert* était une terre et un pré, sis probablement dans la paroisse de Gageac; en effet, en 1766, Louis de Bideran reconnait tenir ce tènement de la fondalité d'Hélie du Reclus, chevalier, baron de Gageac *(Arch. du chât. de Fayolles)*.

Page 53, ligne 14. — Au lieu de *150 livres*, lire *750 livres*.

Page 62, renvoi n° 2, ligne 5. — Après *coq* ajouter *d'or*. Les véritables armoiries de la famille de Galaup — dont le nom, sur le point de s'éteindre, vient d'être relevé par M. Xavier Bleynie, officier d'infanterie, fils adoptif de Mme la vicomtesse Max de Gombert, née Marie-Françoise de Galaup — semblent être : *de gueules à un épervier d'argent tenant dans ses serres un rameau d'olivier d'or* (Riestap, *Armorial général*). Du reste les lettres de confirmation de noblesse accordées par Charles X à François de Galaup, ancien sous-préfet de Ribérac, et à son frère Louis, conseiller à la Cour de Bordeaux, portent peints cet épervier et son rameau, mais avec des émaux différents.

Depuis l'impression de l'Introduction de cette généalogie de nouveaux correspondants ont bien voulu se joindre aimablement aux premiers pour faciliter notre travail, aussi nous permettons-nous d'adresser nos sincères remerciements à Madame Alfred de Gorostarzu, à Mademoiselle de Lard, à MM. Beauchet-Filleau, Dast de Boisville, E. Fage, le vicomte L. de Gironde, Guignard de Butteville, de La Vallière, Loubradou, curé de Rignac, de Roumejoux, E. Rupin.

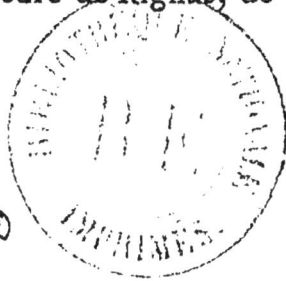

INDEX DES NOMS
DE PERSONNES ET DE LIEUX

Les noms de familles sont en caractères ordinaires. Les petites capitales indiquent les noms de celles qui ont contracté une alliance directe avec la famille de Bideran. Les noms de lieux sont en lettres italiques ; nous ne donnons que ceux identifiés dans cette généalogie. Les doubles noms commençant par *La* ou *Le* sont portés à l'L s'ils désignent une famille et à l'initiale du second mot si c'est un nom de lieu. Quelques noms se trouvant répétés plusieurs fois dans la même page il est par suite nécessaire de la parcourir complètement.

INDEX DES PRÉNOMS

DES BIDERAN.

Les prénoms masculins fréquemment répétés sont suivis du nom de la branche, à laquelle ils appartiennent, imprimé en italiques.

Gailhard, 31.
Garcie-Arnaud, 20, 25, 33, 45, 191, 193, 221.
Gédéon, 84, 85, 122.
Geoffroy, 55, 119, 201, 205.
Géraud, 38, 173, 206.
Guillaume, 48, 101, 119, 185.
Gustave, 13, 99, 101.

Hélie, 17, 18, 41, 203.
Henriette-Suzanne, 136.
Henrique, 26.
Henry, 6, 102.
Henrye, 59, 125.
Hippolyte, 63, 71, 90, 105.

Isabeau, 79, 109, 175.

Jacques, 130, 143, 148, 149, 176.
Jacques-François, 128, 131 à 135.
Jean, *Cause*, 13, 77, 79, 80, 210.
— *Fontenelle*, 57, 82, 103, 104, 209.
— *la Fortonie*, 138, 141, 185.
— *Grand-Lac*, 175, 178, 180.
— *la Mongie*, 115, 124, 126, 204.
— *la Poncie*, 31, 34, 45.
— *Saint-Cirq*, 142, 156, 157, 162, 208, 214 à 217.
— *Saint-Surin*, 21, 45, 46, 48, 49, 55, 57, 114, 197, 198.
Jean-Baptiste, *Fontenelle*, 106, 223.
— *Grand-Lac*, 180.
— *Saint-Cirq*, 21, 163, 164.
Jean-Louis, 93, 129.
Jean-L.-Ignace, 165.
Jean-Marie, 120, 188, 201, 203.
Jeanne, 37, 46, 55 à 58, 68, 88, 103, 115, 121, 133, 141, 158, 163, 189, 191, 221, 223, 224.
Joseph, *Mareuil*, 146, 147, 150, 153, 176.

Joseph, *Saint-Cirq*, 165, 168.
— *Saint-Surin*, 64, 73, 89.

Laure, 98.
Léonard, 129, 130.
Louis, 80, 225.
— *Cause*, 59, 61, 62, 79, 83, 86, 88, 89, 98, 211, 222, 223.
— *Fontenelle*, 210, 211.
— *la Fortonie*, 3, 137, 141, 142, 172.
— *Grand-Lac*, 175.
— *Mareuil*, 146.
— *la Martinière*, 186.
— *la Mongie*, 115, 129.
— *Saint-Surin*, 22, 51, 53, 57, 60 à 63, 69, 78, 103, 105, 197, 222.
Louis-Jean, 104.
Louise, 14, 48, 52, 55, 79, 82, 88, 96, 163, 178.

Madeleine, 48, 73.
Malrigou, 5, 6, 20, 26 à 34, 193 à 195.
Marc, 91, 107, 108, 202, 223.
Marc-Antoine, 58.
Marguerite, 14, 39, 50, 51, 67, 73, 74, 89, 91, 94, 143, 152, 166, 177, 187, 191.
Marie, 46, 48, 49, 56, 61, 63, 66, 71, 73, 80, 86 à 89, 132, 163, 165, 166, 187, 189, 222, 223.
Marie-Claire, 73.
Marie-Françoise, 217.
Marie-Jeanne, 167.
Marie-Laure, 97.
Marie-Louise, 97.
Marie-Madeleine, 129.
Marie-Victoire, 128, 131.
Marthe, 86, 118, 119, 201, 202, 205.
Martial, 63, 69, 86, 88, 95, 105.
Martial-Charles, 70.

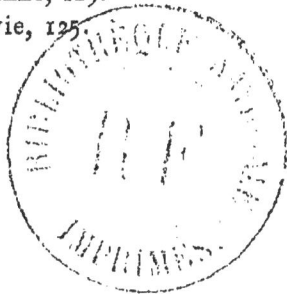

TABLE DES MATIÈRES

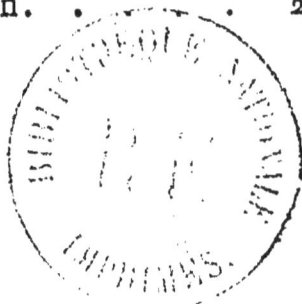

Achevé d'imprimer

A BERGERAC, 3, RUE SAINT-ESPRIT

Le 15 Juillet 1896

sur les

PRESSES DE L'IMPRIMERIE GÉNÉRALE DU SUD-OUEST

J. CASTANET, IMPRIMEUR.

www.ingramcontent.com/pod-product-compliance
Lightning Source LLC
Chambersburg PA
CBHW062212270326

41930CB00009B/1716